英語準動詞・節の実証通時研究

―― 英語聖書四福音書を言語資料として ――

佐 藤 勝 著

英宝社

亡き母と弟に捧げる

はしがき

　私が古・中英語の勉強を始めたのは学部4年生の後期からであり，初めて英語史・歴史英語学の論文（のようなもの）を書いたのは大学院生時代である（修士論文）．それ以来，実証通時研究，英語聖書四福音書，英語不定詞，英語準動詞・節との付き合いが続いて来た．研究成果の大きな節目として，2006年の誕生日に合わせ『英語不定詞の通時的研究──英語聖書四福音書を言語資料として──』（英宝社）を上梓し，この度，英語準動詞・節に関する本書の出版となった．本書は，我が研究の集大成と言える．

　教授昇格以来，研究活動を大きく変更した．変更せざるを得なかった．学会活動を制限し，著書執筆を中心とする研究活動への変更である．種々の要因による時間的制約そして精神的・肉体的疲労により，以前と同様の研究活動は困難であると判断した．また，文系学者の最終目標は，自分の名の入った背表紙を書棚に1冊でも多く残すことである．これらの理由から著書執筆を優先したのである．思い返せば，恩師もそうであったように記憶される．角界の横綱のように振る舞われた先生もおられた．私も横綱のような雰囲気を醸し出せるよう，今後も精進を続けたい．

　これまでの間，さまざまな方の助けを受けてきており，ここに厚くお礼申し上げる．加えて，この度も本書の出版に賛同くださった英宝社社長の佐々木元氏，並びに編集の労を執られる宇治正夫氏に感謝の意を表す．最後に，本書・2006年の拙著・我が研究姿勢が読者に資すれば幸いである．

2016年3月

佐　藤　　　勝

　追　記　昨年末別居の父が悪質な交通事故の被害者になり，長い戦いは今も続いている．本書の出版を含め「すべて結果よし」を願う．

目　　次

はしがき …………………………………………………………… v

略　語 ……………………………………………………………… x

注意点 ……………………………………………………………… xi

第1章　導　入 ………………………………………………… 3

1.1　序 ………………………………………………………… 3

1.2　実証通時研究 …………………………………………… 3

1.3　言語資料 ………………………………………………… 4

1.4　本研究 …………………………………………………… 7

1.5　結　び …………………………………………………… 10

第2章　英語聖書における外国語の影響 …………………… 11

2.1　序 ………………………………………………………… 11

2.2　先行研究からの結果 …………………………………… 11

2.3　一考察 …………………………………………………… 15

2.4　結　び …………………………………………………… 21

第3章　主語機能の不定詞・節の実証通時研究 ………… 23

3.1　序 ………………………………………………………… 23

3.2　調査結果 ………………………………………………… 23

3.3　考察結果 ………………………………………………… 39

3.4　結　び …………………………………………………… 41

3.5　不定詞・節 ……………………………………………… 42

第4章　後位修飾語句の実証通時研究 ……………………………… 46

4.1　序 …………………………………………………………… 46

4.2　調査結果 …………………………………………………… 46

4.3　考察結果 …………………………………………………… 50

4.4　結　び ……………………………………………………… 56

4.5　後位修飾語句 ……………………………………………… 61

第5章　分詞構文・副詞節の実証通時研究 ……………………… 67

5.1　序 …………………………………………………………… 67

5.2　調査結果 …………………………………………………… 67

5.3　考察結果 …………………………………………………… 74

5.4　結　び ……………………………………………………… 76

5.5　分詞構文・副詞節 ………………………………………… 77

第6章　「目的」を表す不定詞・節の実証通時研究 …………… 80

6.1　序 …………………………………………………………… 80

6.2　調査結果 …………………………………………………… 80

6.3　考察結果 …………………………………………………… 84

6.4　結　び ……………………………………………………… 86

6.5　不定詞・節 ………………………………………………… 86

第7章　動詞補文の実証通時研究に際して ……………………… 89

7.1　序 …………………………………………………………… 89

7.2　注意すべき点 ……………………………………………… 91

　　7.2.1　動詞の分類法 ……………………………………… 92

　　7.2.2　研究対象とする動詞の範囲 ……………………… 94

　　7.2.3　構文の判別精度 …………………………………… 94

　　7.2.4　特異な例の取り扱い ……………………………… 97

7.3　結　び ……………………………………………………… 101

目 次　　ix

第8章　「S＋Vt＋準動詞・節」の実証通時研究 …………… 103
8.1　序 ………………………………………………………… 103
8.2　調査結果 ………………………………………………… 104
8.3　考察結果 ………………………………………………… 112
8.4　結　び …………………………………………………… 117
8.5　準動詞・節 ……………………………………………… 119

第9章　不定詞とは異なる動名詞特有の発達 …………… 125
9.1　序 ………………………………………………………… 125
9.2　調査結果 ………………………………………………… 125
9.3　考察結果 ………………………………………………… 127
9.4　結　び …………………………………………………… 127

第10章　「S＋V＋O＋準動詞／S＋V（＋O）＋節」の
　　　　　実証通時研究 …………………………………… 128
10.1　序 ……………………………………………………… 128
10.2　調査結果 ……………………………………………… 129
10.3　考察結果 ……………………………………………… 142
10.4　結　び ………………………………………………… 147
10.5　準動詞・節 …………………………………………… 150

第11章　要約・結論 ……………………………………… 161
11.1　序 ……………………………………………………… 161
11.2　第2-10章の要約・結論 ……………………………… 161
11.3　準動詞と節の変遷関係の要約・結論 ……………… 166
11.4　結　び ………………………………………………… 169

参考文献 …………………………………………………… 171
索　引 ……………………………………………………… 177

略　語

adj.	adjective	U	uninflected infinitive
B/bare	bare infinitive	V/v	verb
c	circa	Vi/vi	verb intransitive
C	clause	Vt	verb transitive
DO	direct object		
EMnE	Early Modern English		
G	gerund		
I	inflected infinitive		
inf.	infinitive		
IO	indirect object		
Jn	John		
L	Latin		
Lk	Luke		
ME	Middle English		
MED	*Middle English Dictionary*		
Mk	Mark		
Mt	Matthew		
n.	noun		
NP	noun phrase		
O	object		
OE	Old English		
Pa/p.p.	past participle		
PE	Present-day English		
Pr	present participle		
RSV	Revised Standard Version		
S/s	subject		
T	total		
to	*to*-infinitive		

注　意　点

1　準動詞・節の数え方について記す.
　①　「左＋等位接続詞＋右」
　　(1)　左と右が同範疇の場合は，左のみを数える.
　　(2)　左と右が異範疇の場合は，左右両方を数える.
　②　「左＋than＋右」
　　(1)　左右の範疇同異に関係なく，左のみを数える.

2　見出し語の綴りについて記す.
　①　古英語の場合は，原則Hall, J. R. Clark (1960)の代表的な見出し語の
　　綴りを，中英語の場合は，原則*MED*の代表的な見出し語の綴りを
　　用いる.　Hall, J. R. Clark (1960) *A Concise Anglo-Saxon Dictionary*,
　　Fourth Edition, Cambridge University Press, Cambridge, Reprinted,
　　With a Supplement by Herbert D. Meritt, University of Toronto
　　Press, Toronto, Buffalo and London, 2002. *Middle English Dictionary*
　　on the Internet.
　②　近代英語の場合は，現代英語の見出し語の綴りを用いる.

3　引用例文の文末の句読点は，「?」「!」以外は，原則記さない.

英語準動詞・節の実証通時研究

── 英語聖書四福音書を言語資料として ──

第1章
導　入

1.1　序

　　著者の大学院生時代からの主な研究は，まずは英語聖書四福音書を言語資料とする英語不定詞の実証通時研究であり，次に英語聖書四福音書を言語資料とする英語準動詞・節の実証通時研究へと進んで来た．2006年の拙著『英語不定詞の通時的研究――英語聖書四福音書を言語資料として――』（英宝社）で前者を総括したが，本書では後者を総括する．本章では，本研究手法である実証通時研究，本研究で用いる言語資料，そして本研究について記す．

　　次節以降の構成は次の通りである．1.2「実証通時研究」，1.3「言語資料」，1.4「本研究」，1.5「結び」とする．

1.2　実証通時研究

　　本節では，著者の考える諸構文の実証通時研究について記す．身勝手な定義ではなく，他の研究者からも受容される内容であろう．(1)を参照されたい．

　(1)　**諸構文の実証通時研究**
　　　a.　独創的である．
　　　b.　通時的である．
　　　c.　研究対象構文および研究題名が英語史上意義がある．
　　　d.　言語資料の質・量が適切である．
　　　e.　調査が網羅的かつ緻密であり，調査結果が明快である．
　　　f.　調査結果の分析（考察）が緻密であり，考察結果が明快である．
　　　g.　e, fより，例文・表・図が豊富である．
　　　h.　最後に明快なまとめがある．

本研究手法は(1)を基本とし，それ以上でも以下でもない．他の研究者の研究手法に未理解なままその研究を酷評する人はいないだろうか．自分の研究手法が最高であり，それしか認めようとしない人はいないだろうか．英語史・歴史英語学分野の研究手法は多様化している．この多様化の中で，すべての研究手法に精通している研究者がどれほどいるだろうか．本研究の研究手法は伝統的なものであり，時代に左右される流行り廃りのものではない．理工系分野に力を入れている現在の日本では，実証研究は文学分野では最新の研究手法と言えるのかもしれない．本研究の理解が深まるよう，ここに本研究手法を明確化した．[1]

1.3 言語資料

　本研究で用いる言語資料はOE, ME, EMnE, PEの英語聖書四福音書である．英語聖書四福音書を用いる理由は，「各時代（ほぼ）同一内容である」「聖書内で（ほぼ）同一内容の文がある」という特徴より，他の言語資料からでは得られないOE-PEの有益な言語情報を得ることができ，そこから新たな発見につながる可能性が高いためである．この詳細は，次章以降の調査・考察結果の中でご覧いただける．本節では，言語資料4点の解題（通称，略，成立年，校訂本，節数）を記す．5, 6頁の表1, 2を参照し，その後以下の段落を読まれたい．表1の内容は寺澤・川崎（編）（1993: 744-46）からであり，表2の内容は，NRSVからである．[2]

　表1, 2について説明する．表1について，各時代適切な英語聖書（四福音書）および校訂本を選択できていると考える．[3]　表2について，英語聖書四福音書から考察に必要な数の調査結果を得ることができ，研究対象とする構文次第では，節数の多いマタイ伝やルカ伝からだけでも充分であると体感している．本書の第4, 5章では，使用言語資料をマタイ伝だけとしている．

　「参考文献」の「言語資料（主）」「言語資料（副）」について説明する．「言語資料（主）」は，表1にある校訂本である．「言語資料（副）」は，何かの説明の際に引用する校訂本であり，調査結果を得る校訂本ではない．参考までに，「言語資料（副）」が引用される章を示す．Bright, ed. (1904-6): 第4, 10章，Douglas, ed. (1990): 第8, 10章，May and Metzger, eds. (1977): 第4章，Nestle-Aland, eds. (1990): 第2, 3, 8, 10章である．なお，Douglas, ed. (1990)からの引用で

第1章 導 入　　　　　　　　5

は現代英語逐語訳を用いるが，読み手の負担を少なくするためである．

表1　言語資料

	上段：通称［略］　成立年　　　下段：校訂本
OE	West-Saxon Gospels [WSG]　*c*1000
	Liuzza, R. M., ed. (1994) *The Old English Version of the Gospels*, Vol. I, *Text and Introduction*, EETS O. S. 304, Oxford University Press, Oxford.
ME	Wycliffite Bible (Later Version) [WB (LV)]　*c*1388-95
	Forshall, Rev. Josiah and Sir Frederic Madden, eds. (1850) *The Holy Bible, Containing the Old and New Testaments, with the Apocryphal Books, in the Earlier English Versions Made from the Latin Vulgate by John Wycliffe and his Followers*, 4 Vols, Oxford University Press, Oxford, Reprinted, AMS Press, New York, 1982.
EMnE	Authorized Version [AV]　1611
	The Holy Bible: An Exact Reprint in Roman Type, Page for Page of the Authorized Version Published in the Year 1611, With an Introduction by Alfred W. Pollard, Oxford University Press, Oxford, 1911, Reprinted, Kenkyusha, Tokyo, 1985.
PE	New Revised Standard Version [NRSV]　1989
	The Holy Bible, Containing the Old and New Testaments with the Apocryphal/Deuterocanonical Books: New Revised Standard Version, Oxford University Press, Oxford, 1989.

表2　NRSV四福音書の節数

Matthew		Mark		Luke		John	
章	節	章	節	章	節	章	節
1	1-25	1	1-45	1	1-80	1	1-51
2	1-23	2	1-28	2	1-52	2	1-25
3	1-17	3	1-35	3	1-38	3	1-36
4	1-25	4	1-41	4	1-44	4	1-54
5	1-48	5	1-43	5	1-39	5	1-47
6	1-34	6	1-56	6	1-49	6	1-71
7	1-29	7	1-37	7	1-50	7	1-52
8	1-34	8	1-38	8	1-56	8	1-59
9	1-38	9	1-50	9	1-62	9	1-41
10	1-42	10	1-52	10	1-42	10	1-42
11	1-30	11	1-33	11	1-54	11	1-57
12	1-50	12	1-44	12	1-59	12	1-50
13	1-58	13	1-37	13	1-35	13	1-38
14	1-36	14	1-72	14	1-35	14	1-31
15	1-39	15	1-47	15	1-32	15	1-27
16	1-28	16	1-20	16	1-31	16	1-33
17	1-27			17	1-37	17	1-26
18	1-35			18	1-43	18	1-40
19	1-30			19	1-48	19	1-42
20	1-34			20	1-47	20	1-31
21	1-46			21	1-38	21	1-25
22	1-46			22	1-71		
23	1-39			23	1-56		
24	1-51			24	1-53		
25	1-46						
26	1-75						
27	1-66						
28	1-20						
小計	1,071		678		1,151		878
総計	3,778						

1.4 本研究

本研究は，OE-PEの英語聖書四福音書を言語資料とする英語準動詞・節の実証通時研究であり，その詳細は第2-11章に記されている．本節では，本研究の独創点，そして第2-11章の概要を記す．なお，準動詞には動名詞も含まれ，それは通時的に準動詞としての動名詞を表す．

本研究の独創点は次の通りである．(2)を参照されたい．

(2) **本研究の独創点**

    a. 英語史上意義のある類似構文（準動詞・節）を研究対象とし，6種類の類似構文を扱っている．

    b. OE-PE・4時代通しての実証通時研究である．

    c. 有益な言語資料を用い，その研究も充分に行われている．

    d. a-cより，準動詞・節の変遷に関する詳細な調査・考察結果が提示され，包括的なまとめも提示されている．

    e. 全準動詞・節の提示がある．

(2a)の6種類の類似構文とは，「主語機能の不定詞・節」「後位修飾語句」「分詞構文・副詞節」「「目的」を表す不定詞・節」「S + Vt + 準動詞・節」「S + V + O + 準動詞／S + V (+ O) + 節」である．これまで準動詞・節に関する多くの実証・理論史的研究が行われているであろうが，本研究のような，英語史上意義のある6種類の類似構文を研究対象とする，詳細かつ包括的なOE-PE・4時代通しての実証通時研究はないと思われる．これゆえに，第3章以降では先行研究に関する節が独立して設けられていない．先行研究への言及を怠っているのではない．必要に応じ言及は適切になされている．

第2章「英語聖書における外国語の影響」は，この研究題名に関する考察を記す章である．加えて，英語聖書に関する先行研究を紹介する面を多く含む．したがって，本章は英語聖書のさまざまな情報を提示する章と言える．本章・注3)も参考とされたい．［本章は，佐藤(2013)の改訂版］

第3章「主語機能の不定詞・節の実証通時研究」は，OE-PEの英語聖書四福音書を言語資料とする主語機能の不定詞・節の実証通時研究の結果を記す章である．本言語資料には主語機能の動名詞はみられない．複数の表と例文で最小限の調査結果を示し，「定動詞に対する不定詞・節の位置（左右）」

「±It」「±(to/for) NP」「述語」「不定詞・節」「時代」「頻度」「変遷」という重要語句を念頭におきながら調査結果を詳細に分析し，そこから主語機能の不定詞・節の通時上重要な点を示す．章末では，本章すべての不定詞・節（伝章節）を提示する．読者に資すればと思い，勇気を出して掲載するが，推敲の不充分な点があるかもしれない．その場合はご容赦いただきたい．［本章は未刊；同様の研究題名で2005年に既刊はあるが，調査・考察結果は異なる］

　第4章「後位修飾語句の実証通時研究」は，OE-PEの英語聖書四福音書マタイ伝を言語資料とする後位修飾語句の実証通時研究の結果を記す章である．研究対象とする後位修飾語句は，不定詞・現在分詞・過去分詞（準動詞），関係代名詞・複合関係代名詞（節）とし，前置詞句は含まない．複合関係代名詞とは，先行詞と関係代名詞の両方の機能をもつ複合関係詞代名詞のことである．複数の表と例文で最小限の調査結果を示し，調査結果にもとづき後位修飾語句の変遷特徴，後位修飾語句間の変遷関係，準動詞と節の変遷関係に関する考察を展開する．英語学習者への不定詞・分詞の説明に，不定詞・分詞は関係代名詞節の一部分を省略したものという説明や不定詞・分詞と関係代名詞節の関係づけをする英語教師にとっては，本考察結果はなお一層興味深いものとなろう．章末では，本章すべての後位修飾語句（伝章節）を提示する．読者に資すればと思い，勇気を出して掲載するが，推敲の不充分な点があるかもしれない．その場合はご容赦いただきたい．［本章は，佐藤（2010）の改訂版］

　第5章「分詞構文・副詞節の実証通時研究」は，OE-PEの英語聖書四福音書マタイ伝を言語資料とする分詞構文・副詞節の実証通時研究の結果を記す章である．複数の表と例文で最小限の調査結果を示し，調査結果にもとづき分詞構文・副詞節の変遷特徴，分詞構文と副詞節の変遷関係などに関する考察を展開する．英語学習者への分詞構文の説明に，副詞節から分詞構文への書き換えや両構文の関係づけをする英語教師にとっては，本考察結果はなお一層興味深いものとなろう．章末では，本章すべての分詞構文・副詞節（伝章節）を提示する．読者に資すればと思い，勇気を出して掲載するが，推敲の不充分な点があるかもしれない．その場合はご容赦いただきたい．［本章は未刊］

　第6章「「目的」を表す不定詞・節の実証通時研究」は，OE-PEの英語聖書四福音書を言語資料とする「目的」を表す不定詞・節の実証通時研究の結果を記す章である．表と例文で最小限の調査結果を示し，調査結果にもと

づき「目的」を表す不定詞・節の変遷特徴，「目的」を表す不定詞と節の変遷関係に関する考察を展開する．章末では，本章すべての「目的」を表す不定詞・節（伝章節）を提示する．読者に資すればと思い，勇気を出して掲載するが，推敲の不充分な点があるかもしれない．その場合はご容赦いただきたい．［本章は未刊］

　第7章「動詞補文の実証通時研究に際して」の動詞補文とは，「S＋Vt＋準動詞・節」「S＋V＋O＋準動詞／S＋V（＋O）＋節」での準動詞・節のことであり，「非人称動詞補文」と（一部の研究者により）称される構文を含めない．後者については，第3章「主語機能の不定詞・節の実証通時研究」で扱っている．動詞補文の研究を行う上で「注意すべき点」がいくつかある．本章は，この「注意すべき点」とそれに対する対応案を記す章である．このような包括的なまとめは，動詞補文の実証通時研究の精確さを保つためには必須の研究であり，他の研究者に資するものであるが，意外にもこれまでまとめられていない．本章は，第8-10章の重要な導入章である．［本章は，佐藤（2012）の改訂版］

　第8章「「S＋Vt＋準動詞・節」の実証通時研究」は，OE-PEの英語聖書四福音書を言語資料とする「S＋Vt＋準動詞・節」の実証通時研究の結果を記す章である．表と例文で最小限の調査結果を示し，「Vt」「準動詞・節」「時代」「頻度」「変遷」という重要語句を念頭におきながら調査結果を詳細に分析し，そこから「S＋Vt＋準動詞・節」の通時上重要な点を示す．章末では，本章すべての準動詞・節（伝章節）を提示する．読者に資すればと思い，勇気を出して掲載するが，推敲の不充分な点があるかもしれない．その場合はご容赦いただきたい．［本章は未刊］

　第9章「不定詞とは異なる動名詞特有の発達」は，前章の研究結果にもとづき，不定詞とは異なる動名詞特有の発達を確認し，それを記す章である．本章は，動名詞特有の発達に関する一般見解の単なる上塗りではないが，質・量の上で研究ノート相当の章と言える．［本章は未刊］

　第10章「「S＋V＋O＋準動詞／S＋V（＋O）＋節」の実証通時研究」は，OE-PEの英語聖書四福音書を言語資料とする「S＋V＋O＋準動詞／S＋V（＋O）＋節」の実証通時研究の結果を記す章である．表と例文で最小限の調査結果を示し，「V」「準動詞・節」「時代」「頻度」「変遷」という重要語句を念頭におきながら調査結果を詳細に分析し，そこから「S＋V＋O＋準動詞／S＋V（＋O）＋節」の通時上重要な点を示す．章末では，本章すべての準動

詞・節（伝章節）を提示する．読者に資すればと思い，勇気を出して掲載するが，推敲の不充分な点があるかもしれない．その場合はご容赦いただきたい．［本章は未刊］

　第11章「要約・結論」は，第2-10章の要約・結論，準動詞と節の変遷関係の要約・結論を記す章である．わかりやすさを優先し，表の形で要約・結論を提示する．準動詞と節の変遷関係について，読者はどのような研究結果を予想するのだろうか．よく耳にする「OE→MEでの，節→不定詞を中心とする，節から準動詞への変遷」という説が正しく，これがどの構文にも言えることなのだろうか．恥ずかしながら，著者には仮説の予想すらつかない．本研究結果を楽しみとしていただければ幸いである．［本章は未刊］

1.5　結　び

　本章では，「実証通時研究」「言語資料」「本研究」について記した．「目次」にある「はしがき」「略語」「注意点」「参考文献」「索引」については，該当箇所を参照すればわかるため，その説明はしていない．次章より本編を記す．

注

1)　著者は，CITI Japanの研究倫理教育に関するe-learning講座「責任ある研究行為コース（初回用）（2015）」を修了している．この中には査読に関する箇所もあり，内容的には理系寄りなのかもしれないが，文学系の研究者も是非読むべきであるという印象を受講時にもった．
2)　NRSVの節数について，NRSVでは次の節が欠けている．Mt 17.21, 18.11, 23.14; Mk 7.16, 9.44, 9.46, 11.26, 15.28; Lk 17.36, 23.17; Jn 5.3後半, 5.4の全11.5節である．節の欠けは，その底本での節の欠けによるものであろう．時代による節の欠けの違いは，時代による底本の違いによるものであろう．
3)　英語聖書の特徴，各時代の英語聖書，外国語の影響，英語聖書の校訂本については，寺澤（1984, 1990），寺澤・川崎（編）（1993），佐藤（2006: 第三部），次章を参照されたい．

第 2 章
英語聖書における外国語の影響

2.1　序

　著者の長期的な研究は，英語聖書四福音書を言語資料とする英語不定詞そして英語準動詞・節の実証通時研究である．英語聖書は翻訳書であるため，「英語聖書における外国語の影響」を考慮しながら研究を続けている．しかし，確たる理由もなく「英語聖書は外国語の影響を（強く）受けており，言語資料として適当ではない」と英語聖書利用を否定する研究者がおり，誠に遺憾である．これを受け，本章では，次の2点を研究の内容とし，それらについて記す．①英語聖書に関する先行研究を紹介し，そこから導き出される結論を示す，②英語聖書が外国語の影響をあらゆる面で受けているとは必ずしも言えないことを考察する．本考察は，聖書の特長（表の⑪）を活かした統語的立場からの独創的な考察である．

　次節以降の構成は次の通りである．2.2「先行研究からの結果」，2.3「一考察」，2.4「結び」とする．

2.2　先行研究からの結果

　本節では，英語聖書に関する先行研究を紹介し，そこから導き出される結論を示す．まずは，先行研究を紹介する．[1] 紹介項目は次の13点であり，内容上①②（英語聖書）；③〜⑧（古・中英語聖書と外国語の影響）；⑨〜⑫（英語聖書の特徴）；⑬（外国語の影響に対する疑問点）と4区分する．以下に，①〜⑬の項目名および引用場所，そして先行研究のまとめ（表）を示す．①各時代の英語聖書（寺澤・川崎（編）1993: 744-46），②英語聖書の翻訳元（寺澤 1984: 167）；③古英語聖書（寺澤・川崎（編）1993: 744），④中英語聖書（寺澤・川崎（編）1993: 744, 84），⑤West Saxon Gospels（真鍋 1983: 50），⑥古英語聖書と翻訳（橋本 1998: 33），⑦中英語聖書と翻訳（橋本 1998: 64），⑧翻訳の方法（橋本 1998: 25-27）；⑨英語聖書のプラス面（寺澤 1984: 166），⑩英語聖書のマイナス面（寺澤 1984: 166-67），[2] ⑪聖書の主な特長（佐藤

2006: 113），⑫英語聖書利用と研究手順（佐藤 2006: 112）；⑬外国語の影響に対する疑問点（佐藤 2009）．③〜⑦では古・中英語聖書だけを取り上げているが，「外国語の影響」の可能性が最も考えられる時代は古英語期，次に中英語期と考えるためである．表を参照されたい．

表　英語聖書に関する先行研究（①〜⑦）

	内　容
①	a.　古英語：四福音書（Gospels）　b. 中英語以降：聖書（Bible）
②	a.　古・中英語聖書：ラテン語訳聖書からの重訳 b.　近・現代英語聖書：ヘブライ語旧約，ギリシア語新約聖書からの直接訳
③	a.　*c*950　Lindisfarne Gospels［700年ごろつくられたラテン語訳「福音書」装飾写本本文の行間に，950年ごろ主にノーサンブリア方言による語注を加えている］ b.　10c後半　Rushworth Gospels［Lindisfarne Gospels の行間注にならう．ただし，マタイ伝は北マーシア方言による独自の逐語訳］ c.　*c*1000　West-Saxon Gospels［当時の標準的方言ウェストサクソン方言による最初の本格的翻訳聖書］
④	a.　*c*1384　Wycliffite Bible (Early Version)［J. Wyclif 一門の Nicholas of Hereford が中心となってラテン語訳聖書を逐語的に訳した最初の完訳英語聖書．ラテン語法が顕著］(744) b.　*c*1388-95　Wycliffite Bible (Later Version)［Wyclif 一門の John Purvey が中心となって，上記逐語訳を慣用的英語表現に改めたもの］(744)［**慣用的な英語**に近づけようと試みたが，なおラテン語法が残る］(84)
⑤	*The West Saxon Gospels* には，英語を自由に駆使する能力が窺われる
⑥	古英語期には直訳と自由訳との中間に位置する翻訳も行われた．その代表的なものに，West-Saxon 方言で訳された福音書 The West-Saxon Gospels…がある．
⑦	The Wycliffite Bible の後期訳も The Vulgate のラテン語から完全に解放された訳とは言い難い

第 2 章　英語聖書における外国語の影響　　　　　13

表　英語聖書に関する先行研究（⑧〜⑫）

	内　容
⑧	a.　逐語訳（Word-for word Translation）：起点言語の形態素は可能な限り目標言語の形態素に変換しながら，起点言語における文の各構成要素を目標言語に置き換えるが，起点言語の語順は目標言語においても保つ翻訳方法を言う b.　直訳（Literal Translation）：起点言語の語順は目標言語にとって容認可能な語順に変換するが，形態素は可能な限り目標言語の形態素に変換しながら，起点言語の文の各構成要素を目標言語に置き換える翻訳の仕方である．この場合，起点言語では表現されていないが，目標言語に訳するときに必要な語句は付加される c.　自由訳（Free Translation）：起点言語の形態，統語法，文体よりも意味を目標言語に移行させることを最優先する訳である
⑨	ほぼ同一の内容が英語史の各期におけるほぼ標準的な文体で訳されている点で，言語形式の比較に恰好の資料となる
⑩	a.　内容・表現の両面で片寄りがある b.　口語的表現に乏しい（多少とも口語性を意図したものもある） c.　方言的連続性に欠けることがある（英訳聖書に限った問題ではない） d.　半世紀以上古い言語状態を反映している場合のあること e.　外国語法の影響が顕著
⑪	a.　各時代（ほぼ）同一内容である．［＝⑨，通時上の特長］ b.　聖書内で（ほぼ）同一内容の文がある．［共時上の特長］ c.　諸言語間で（ほぼ）同一内容である．［諸言語間での特長］
⑫	英語聖書での問題点確認→英語聖書での一研究→（必要により）言語資料を広げての更なる研究

表　英語聖書に関する先行研究 (⑬)

	内　容
⑬	a. 言語資料としての英語聖書における外国語の影響を問われた場合，その検証はどこまで可能か［中略］古英語聖書四福音書の校訂本そしてラテン語の影響を例として話を進める ⇒［**古英語聖書四福音書校訂本完成まで**］古英語聖書四福音書校訂本←複種類の古英語聖書四福音書写本←古英語聖書四福音書オリジナル←複種類のラテン語聖書写本←ラテン語聖書オリジナル←複種類のギリシア語聖書写本←ギリシア語聖書オリジナル［中略］古英語聖書四福音書校訂本におけるラテン語の影響を問われた場合，写本・オリジナル・ギリシア語までも考慮する必要がある［**次の7点要検証**］①古英語聖書四福音書校訂本はどの古英語聖書四福音書写本より作成したものか，②①で使用した古英語聖書四福音書写本は古英語聖書四福音書オリジナルに等しいか，③古英語聖書四福音書オリジナルはどのラテン語聖書写本より翻訳したものか，④③で使用したラテン語聖書写本はラテン語聖書オリジナルに等しいか，⑤ラテン語聖書オリジナルはどのギリシア語聖書写本より翻訳したものか，⑥⑤で使用したギリシア語聖書写本はギリシア語聖書オリジナルに等しいか，⑦ラテン語・ギリシア語はどの時代・地域のものか［**検証について**］検証はどこまでされており，また可能なのか．単独の研究者が検証できるものではなく，異なる専門分野の研究成果の繋がりが期待される． b. ラテン語の影響を受けていない古英語の書物は存在するのか，そしてその検証はどこまで可能か ⇒テキストジャンルに関係なく，文献として残る古英語は本当の古英語なのだろうか，と考えることがある．現代英語は現用語のため，その真実性を容易に証明できるが，古英語は死語のため，その真実性を証明できるとは考えがたい．実際に使われていた古英語は口語が中心と思われるが，それは古英語文法書にあるような複雑な規則性の高い言語というよりは，むしろ単語の羅列に近い荒削りな言語ではなかったのか．そして文献として残る古英語は，ラテン語に造詣の深い有識者による，ラテン語模倣の創られた（＝洗練された）古英語とは考えられないか．

第 2 章　英語聖書における外国語の影響　　　15

次に，表の中で疑問を感ずる点を(1)に示す.

(1)　表より生ずる疑問点
　　a.　⑧b, ⑧cのどちらが最適な翻訳法なのか．⑧cは訳し過ぎと思われる.
　　b.　どこまでが印欧諸語としての共通性であり，どこからが他言語の影響であると証明できるのか．古英語よりも古い某印欧語の文法が古英語にみられることは当然ではないのか．例えば，「古英語の或文法構造はラテン語の影響である」と安易に決めつけることはできまい.

最後に，本節のまとめとして，表から導き出される結論を示す.

(2)　2.2のまとめ
　　　最適な校訂本の選択（表の③～⑧より），聖書利用のプラス面（表の⑨⑪⑫），疑問点の未解決（表の⑬，(1)）をふまえれば，他の言語資料同様，**英語聖書の利用を肯定できる**．英語聖書のマイナス面（表の⑩）は他の言語資料にもみられる点であり，表の⑩eは「最適な校訂本の選択」「疑問点の未解決」より（ほぼ）解消できる点である.

2.3　一考察

　本節では，英語聖書が外国語の影響をあらゆる面で受けているとは必ずしも言えないことを考察する．前節の③～⑦同様，本節でも古・中英語聖書だけを取り上げる．本考察は，聖書の特長（表の⑪）を活かした統語的立場からの独創的な考察である．考察方法を(3)に示す.

(3)　考察方法
　　a.　英語準動詞・節を含む（ほぼ）同一内容のLatin, OE, MEそれぞれの2文を抽出
　　b.　2文間において，Latinでは同構文であるのに対してOE, MEでは異構文の状況をみる.

16 英語準動詞・節の実証通時研究

    c.　a, bより，英語聖書が外国語の影響を受けているとは必ずしも言えないと結論できる. 3)

　一考察として6つの例((4) (5), (6) (7), (8) (9), (10) (11), (12) (13), (14) (15))を挙げる. 各例ではa: Latin, b: OE, c: ME, d: PEとする. Latin, OE, MEの例文の理解を深めるためにPEを添える. 例文中の斜字体・下線は著者による. まずは，(4) (5)を参照されたい.

(4)　Mt 20.23

    a.　*sedere* autem ad dexteram meam et sinistram non <u>est</u> meum dare illud

    b.　*to sittanne* on mine swiþran healfe oððe on wynstran <u>nys</u> me inc to syllanne

    c.　but *to sitte* at my riȝthalf or lefthalf, it <u>is</u> not myn to ȝyue to ȝou

    d.　but *to sit* at my right hand and at my left, this <u>is</u> not mine to grant

(5)　Mk 10.40

    a.　*sedere* autem ad dexteram meam vel ad sinistram non <u>est</u> meum dare

    b.　Soðlice <u>nis</u> hit na min inc to syllene *þæt* gyt sitton on mine swyðran healfe oððe on þa wynstran4)

    c.　but *to sitte* at my riȝthalf or lefthalf <u>is</u> not myn to ȝyue to ȝou

    d.　but *to sit* at my right hand or at my left <u>is</u> not mine *to grant*

　(4) (5)は「主語機能の不定詞・節」を含む同一内容の文である. 斜字体は不定詞・節，下線は定動詞である. (4a) (5a)では「主語機能の不定詞：不定詞の位置は定動詞の左」の同構文であるのに対して，(4b) (5b)では「主語機能の不定詞：不定詞の位置は定動詞の左」「主語機能の節：節の位置は定動詞の右」の異構文である. (4) (5)に，古英語聖書が外国語の影響を受けているとは必ずしも言えないと結論できる例をみる.
　次に，(6) (7)を参照されたい.

(6)　Mt 17.4

    a.　<u>bonum est</u> nos hic *esse*

    b.　<u>god ys</u> us her *to beonne*

第 2 章　英語聖書における外国語の影響　　　17

   c.　it is good vs *to be* here

   d.　it is good for us *to be* here

(7)　Lk 9.33

   a.　bonum est nos hic *esse*

   b.　god is *þæt* we her beon

   c.　it is good *that* we be here

   d.　it is good for us *to be* here

　(6)(7)は「主語機能の不定詞・節」を含む同一内容の文である．斜字体は不定詞・節，下線は述語である．(6a)(7a)では「主語機能の不定詞：不定詞の位置は定動詞の右」の同構文であるのに対して，(6b)(7b),(6c)(7c)では「主語機能の不定詞：不定詞の位置は定動詞の右」「主語機能の節：節の位置は定動詞の右」の異構文である．(6)(7)に，古・中英語聖書が外国語の影響を受けているとは必ずしも言えないと結論できる例をみる．

　次に，(8)(9)を参照されたい．

(8)　Mk 10.25

   a.　Facilius est camelum per foramen acus *transire* quam divitem intrare in regnum Dei

   b.　Eaþere ys olfende *to farenne* þurh nædle þyrel þonne `se´ rica and se welega on godes rice ga

   c.　It is liȝter a camele *to passe* thorou a nedlis iȝe, than a riche man to entre in to the kyngdom of God

   d.　It is easier for a camel *to go* through the eye of a needle than for someone who is rich to enter the kingdom of God

(9)　Lk 18.25

   a.　Facilius est enim camelum per foramen acus *transire*, quam divitem intrare in regnum Dei

   b.　eaðelicor mæg se olfend gan þurh are nædle eageꞏ þonne se welega on godes rice

   c.　it is liȝter a camel *to passe* thorou a nedlis iȝe, than a riche man to entre in to the kyngdom of God

d. it is easier for a camel *to go* through the eye of a needle than for someone who is rich to enter the kingdom of God

　(8)(9)は「主語機能の不定詞」を含む同一内容の文である．斜字体は不定詞，下線は述語である．(8a)(9a)では「主語機能の不定詞：不定詞の位置は定動詞の右」の同構文であるのに対して，(8b)(9b)では「主語機能の不定詞：不定詞の位置は定動詞の右」「S＋V」の異構文である．(8)(9)に，古英語聖書が外国語の影響を受けているとは必ずしも言えないと結論できる例をみる．
　次に，(10)(11)を参照されたい．

(10)　Lk 12.54
　　　a. Cum <u>videritis</u> nubem *orientem* ab occasu, statim dicitis: "Nimbus venit", et ita fit
　　　b. þonne ge <u>geseoð</u> þa lyfte *cumende* on westdæle. sona ge cweðað storm cymð and hit swa byð
　　　c. Whanne ȝe <u>seen</u> a cloude *risynge* fro the sunne goynge doun, anoon ȝe seien, Reyn cometh; and so it is don
　　　d. When you <u>see</u> a cloud *rising* in the west, you immediately say, 'It is going to rain'; and so it happens
(11)　Lk 12.55
　　　a. et cum austrum *flantem*, dicitis: "Aestus erit", et fit
　　　b. And þonne ge <u>geseoð</u> suðan *blawan* ge secgað þæt is towerd and hit byð
　　　c. And whanne ȝe <u>seen</u> the south *blowynge*, ȝe seien, That heete schal be; and it is don
　　　d. And when you <u>see</u> the south wind *blowing*, you say, 'There will be scorching heat'; and it happens

　(10)(11)は「S＋V＋O＋現在分詞・不定詞」を含むほぼ同一内容の文である．斜字体は現在分詞・不定詞，下線はVである．(10a)(11a)では「S＋V＋O＋現在分詞」の同構文であるのに対して，(10b)(11b)では「S＋V＋O＋現在分詞」「S＋V＋O＋不定詞」の異構文である．(10)(11)に，古英語聖書が

第 2 章　英語聖書における外国語の影響　　　19

外国語の影響を受けているとは必ずしも言えないと結論できる例をみる.
　次に，(12) (13)を参照されたい.

(12)　Mt 8.24

　　　a.　Et ecce motus magnus factus est in mari, *ita ut* navicula operiretur fluctibus

　　　b.　Ða wearð mycel styrung geworden on þære sæ *swa þæt* þæt scyp wearð ofer|goten mid yþum

　　　c.　And loo! a greet stiring was maad in the see, *so that* the schip was hilid with wawes

　　　d.　A windstorm arose on the sea, so great that the boat was being swamped by the waves

(13)　Mk 4.37

　　　a.　Et exoritur procella magna venti, et fluctus se mittebant in navem, *ita ut* iam impleretur navis

　　　b.　and þa wæs mycel yst windes geworden. and yþa he awearp on þæt scyp *þæt* hit gefylled wæs

　　　c.　And a greet storm of wynde was maad, and keste wawis in to the boot, *so that* the boot was ful

　　　d.　A great windstorm arose, and the waves beat into the boat, *so that* the boat was already being swamped

　(12) (13)は「結果表現」を含む同一内容の文である. 斜字体は結果表現である. (12a) (13a)では「結果のita ut」の同構文であるのに対して，(12b) (13b)では「結果のswa ðæt」「結果のðæt」の異構文である. (12) (13)に, 古英語聖書が外国語の影響を受けているとは必ずしも言えないと結論できる例をみる.
　次に，(14) (15)を参照されたい.

(14)　Mt 4.14

　　　a.　ut impleretur, *quod* <u>dictum</u> est per Isaiam prophetam dicentem

　　　b.　þæt wære gefylled <u>þæt</u> *ðe* gecweden wæs þurh esaiam þone witegan

　　　c.　that <u>it</u> shulde be fulfillid, *that* was seid by Ysaie, the profete

d. so that *what* had been spoken through the prophet Isaiah might be fulfilled

(15) Mt 21.4

a. ut impleretur, *quod* <u>dictum</u> est per prophetam dicentem

b. þæt wære gefylled *þæt* þurh esaiam þone witegan gecweden wæs

c. that <u>that thing</u> schulde be fulfillid, *that* was seid bi the prophete

d. This took place to fulfill *what* had been spoken through the prophet

(14)(15)は「(複合)関係代名詞」を含むほぼ同一内容の文である．斜字体は(複合)関係代名詞，下線は先行詞である．(14a)(15a)では「先行詞dictum, 関係代名詞quod」の同構文であるのに対して，(14b)(15b)では「先行詞ðæt, 関係代名詞ðe」「複合関係代名詞ðæt」の異構文，(14c)(15c)では「先行詞it, 関係代名詞that」「先行詞that thing, 関係代名詞that」の先行詞が異なる関係代名詞構文である．(14)(15)に，古・中英語聖書が外国語の影響を受けているとは必ずしも言えないと結論できる例をみる．5)

以上，英語聖書が外国語の影響を受けているとは必ずしも言えない複数の例をみた．例は本文の6つと注5)に止めるが，このような例は多くみつけられる．

言うまでもなく，「外国語の影響」について注意しなければならない点もある．一例として，(16)(17)を参照されたい．例文に関する注は(4)-(15)の場合と同じである．

(16) Lk 24.23

a. angelorum vidisse, qui <u>dicunt</u> eum *vivere*

b. engla gesihðe. þa <u>secgað</u> hine | *lybban*

c. aungels, whiche <u>seien</u>, *that* he lyueth

d. angels who <u>said</u> *that* he was alive

(17) Lk 20.41

a. Quomodo <u>dicunt</u> Christum filium David *esse*?

b. Hwi <u>secgað</u> hig *þæt* crist sy dauides sunu

c. How <u>seien</u> men, Crist *to be* the sone of Dauid

d. How can they <u>say</u> *that* the Messiah is David's son?

第 2 章　英語聖書における外国語の影響　　21

(16) (17)は「S＋V＋O＋不定詞」または「S＋V＋節」である．斜字体は不定詞・節，下線はVである．(16a) (16b) (17a) (17c)は「S＋V＋O＋不定詞」であり，(16c) (16d) (17b) (17d)は「S＋V＋節」である．sayは，現代英語では受動態でのみ「S＋V＋O＋不定詞」がみられるが，[6] (16b) (17c)の古・中英語では，(16a) (17a)のラテン語のように，能動態で「S＋V＋O＋不定詞」がみられる．この場合はラテン語の影響を考える必要があるのかもしれない．

　最後に，本節の結論を(18)に示す．

(18)　**2.3のまとめ**
　　　英語聖書が外国語の影響をあらゆる面で受けているとは必ずしも言えない．　扱う校訂本・文法項目により影響度は異なる．ただし，(16) (17)のような例に気づく学識が英語聖書利用者になければならない．

2.4　結　　び

　本章では，英語聖書に関する先行研究の紹介およびそこから導き出される結論，そして独自の一考察を記した．それらの結論は次の2点である．①**英語聖書の利用を肯定できる．**②**英語聖書が外国語の影響をあらゆる面で受けているとは必ずしも言えない．**　これらの詳細は，**(2) (18)**を参照されたい．

　この度「英語聖書における外国語の影響」をまとめ，安堵している．いつかはまとめなければならない研究であると思っていた．次章以降，自信をもって，OE-PEの英語聖書四福音書を言語資料とする英語準動詞・節の実証通時研究を紹介できる．英語聖書の利用により，他の言語資料からでは得られないOE-PEの有益な言語情報を得ることができ，そこから新たな発見につながる可能性が高いと実感しているからである．英語聖書を利用することで不当な査読・評価がなされないことを切に願う．

注

1)　先行研究はすべて和書からの引用であるが，信頼性・参照の点で最適の書が和書であるためである．

2) 寺澤（1984: 167）は英語聖書を肯定的にみていると思われる．「我々もその資料的限界を認めた上で，**英語史の主要資料の一つとしての英訳聖書**の歴史を…」（太字は著者）

3) 考察には限界がある．本文・表の⑬aに関係する．ラテン語聖書校訂本と古・中英語聖書校訂本との比較が，考察するに値するものかどうか不明であり，実質その検証は不可能であろう．本研究では現実的な考察に止まる．なお，古・中英語との比較にラテン語を引用する理由は本文・表の②aによる．

4) 本文(5b)の文は，次章・表3には含めていない．本文(5b)の述語（min）が対象外のためである．合せて，次章・表4および31頁・第1段落「表4の述語は表2の述語と同（類）としている」を参照されたい．

5) 下記の表は，著者の研究（未刊）より導き出したものである．ラテン語の関係代名詞は疑問詞と（ほぼ）同じである．一方，表のOE, MEでのwh関係代名詞の頻度はゼロまたは低い数値である．表に，古・中英語聖書が外国語の影響を受けているとは必ずしも言えないと結論できる例をみる．

表　マタイ伝におけるwh関係代名詞の頻度

		OE	ME	EMnE	PE
主　格	wh/All	0/271	12/321	141/282	155/186
目的格	wh/All	0/44	16/43	26/38	10/33

6) 現代英語のsay語法についてHuddleston, et al. (2002: 1234), Quirk, et al. (1985: 1204), Swan (2005: 391)より引用する．'He is said to be dying (not *They say him to be dying)' (Huddleston), 'The field marshal was said to be planning a new strategy. (*Someone said the field marshal to be planning a new strategy.)' (Quirk), '**His company is said to be** in trouble. (BUT NOT ~~They say his company to be in trouble~~.)' (Swan).

第3章
主語機能の不定詞・節の実証通時研究

3.1　序

　本章では，OE-PE の英語聖書四福音書を言語資料とする主語機能の不定詞・節の実証通時研究の結果を記す．本言語資料には主語機能の動名詞はみられない．本研究の内容は次の2点である．①OE-PE の英語聖書四福音書を言語資料とする主語機能の不定詞・節の通時調査の結果を示すこと，②調査結果にもとづく主語機能の不定詞・節の通時考察の結果を示すことである．考察とは，「定動詞に対する不定詞・節の位置（左右）」「±It」「±(to/for) NP」「述語」「不定詞・節」「時代」「頻度」「変遷」という重要語句を念頭におきながら調査結果を詳細に分析し，そこから主語機能の不定詞・節の通時上重要な点を示すことである．[1]

　次節以降の構成は次の通りである．3.2「調査結果」，3.3「考察結果」，3.4「結び」とする．なお，3.5「不定詞・節」として，3.2「調査結果」で提示される表1, 3のすべての不定詞・節（伝章節）を提示する．

3.2　調査結果

　本節では，6種類の表とそれに関連する主な例文を提示することにより，OE-PE の英語聖書四福音書を言語資料とする主語機能の不定詞・節の通時調査の結果を示す．まずは，表の提示そしてその説明を行う．表1-6を参照されたい．

表1　主語機能の不定詞

			タイプ	OE	ME	EMnE	PE
左			(1a) *Do* + be	1			
			(1b) *To do* + be/defile	1	4	4	4
			小　計	2	4	4	4
右			(2a) V + *do*	1			
			(2b) V + *to do*	2			
			(2c) Be + p.p. + *to do*	2			
		NP	(3a) V + NP + *do*	16			
			(3b) Be + adj. + NP + *do*	1			
			(3c) V + NP + *to do*	5	1		
			(3d) Be + adj. + NP + *to do*	4			
			(3e) Be + p.p. + NP + *to do*	8			
	It		(4a) It + V + *to do*	1	8		
			(4b) It + be + adj. + *to do*		10	13	13
			(4c) It + be + p.p. + *to do*	1			
		NP	(5a) It + V + NP + *do*		1		
			(5b) It + V + NP + *to do*		28	2	1
			(5c) It + be + adj. + NP + *to do*		6		
		to NP	(6a) It + V + to NP + *to do*		2	1	
			(6b) It + be + adj. + to NP + *to do*		14		
			(6c) It + be + p.p. + to NP + *to do*		4	3	2
			(6d) It + be + n. + to NP + *to do*		1		
		for NP	(7) It + be + adj. + for NP + *to do*		1	21	32
		NP's	(8) It +be + NP's n. + *to do*			1	1
			小　計	41	76	41	49
			総　計	43	80	45	53

第3章　主語機能の不定詞・節の実証通時研究　　　25

表2　述語（主語機能の不定詞）

	OE	ME	EMnE	PE
(2a) V	aliefan			
(2b) V	aliefan			
(2c) p.p.	aliefan			
(3a) V	aliefan, gebyrian, gedafenian, gelician, geðyncan			
(3b) adj.	betera			
(3c) V	fremian, gebyrian	semen		
(3d) adj.	betera, eaðelicra, eaðera, god			
(3e) p.p.	aliefan, gesellan			
(4a) V	gebyrian	bihoven, speden		
(4b) adj.		god, lefful	easier, good, lawful, meet	better, fair, hard, lawful
(4c) p.p.	aliefan			
(5a) V		bihoven		
(5b) V		bihoven, fallen	become, behove	profit
(5c) adj.		god, lighter		
(6a) V		fallen, plesen	seem good	
(6b) adj.		bettre, lefful		
(6c) p.p.		graunten, sen, yeven	give	give
(6d) n.		custum(e)		
(7) adj.		hard	better, easier, good, hard, lawful	better, easier, enough, good, hard, impossible, lawful, proper
(8) n.			pleasure	pleasure

表3　主語機能の節

			タイプ	OE	ME	EMnE	PE
左			(1) *That* + s + v + be	1	1		
			小　計	1	1		
右		NP2	(2a) V + (*that*) + s + v	4			
			(2b) Be + adj. + *that* + s + v	5			
			(2c) Be + n. + *that* + s + v	1			
			(2d) V + NP2 + *that* + s + v	1			
			(2e) Be + adj. + NP2 + *that* + s + v	6			
			(2f) Be + n. + NP2 + *that* + s + v	2			
		NP1	(3a) V + NP1 + *that* + s + v	6			
			(3b) Be + adj. + NP1 + *that* + s + v	6			
			(3c) Be + p.p. + NP1 + *that* + s + v	3			
		NP1's	(4) Be + NP1's n. + *that* + s + v	1			
	It		(5a) It + V + *that* + s + v	8	5		
			(5b) It + be + adj. + *that* + s + v	4	4	3	1
			(5c) It + be + p.p. + *that* + s + v	3			
			(5d) It + be + n. + *that* + s + v	1	3		
		to NP2	(5e) It + V + to NP2 + *that* + s + v		5		
			(5f) It + be + adj. + to NP2 + *that* + s + v		1		
			(5g) It + be + n. + to NP2 + *that* + s + v		3		
		for NP2	(5h) It + be + adj. + for NP2 + *that* + s + v			7	
		NP2's	(5i) It + be + NP2's n. + *that* + s + v	1			
			(5j) It + be + to NP2's n. + *that* + s + v				1
		to NP1	(6) It + be + adj. + to NP1 + *that* + s + v		1		
		for NP1	(7) It + be + adj. + for NP1 + *that* + s + v			1	
			小　計	52	22	11	2
			総　計	53	23	11	2

第 3 章　主語機能の不定詞・節の実証通時研究　　　27

表4　述語（主語機能の節）

	OE	ME	EMnE	PE
(2a) V	gebyrian			
(2b) adj.	eaðera, god, unmihtlic			
(2c) n.	neod			
(2d) V	fremian			
(2e) adj.	betera, nyttra			
(2f) n.	ðearf			
(3a) V	gebyrian, ðyncan			
(3b) adj.	betera, genog			
(3c) p.p.	aliefan, gesellan			
(4) n.	gewuna			
(5a) V	gebyrian	bihoven, speden		
(5b) adj.	betera, god, riht	lefful, god, impossible	expedient, impossible, meet	necessary
(5c) p.p.	aliefan			
(5d) n.	neod	nede		
(5e) V		speden		
(5f) adj.		bettre		
(5g) n.		custum(e), nede		
(5h) adj.			better, expedient, profitable	
(5i) n.	gewuna			
(5j) n.				advantage
(6) adj.		inough		
(7) adj.			enough	

表5 述語の意味分類

	OE	ME	EMnE	PE
①	**V** aliefan, fremian, gebyrian, gedafenian, geðyncan **adj.** betera, god, nyttra, riht, unmihtlic **p.p.** aliefan, gesellan **n.** neod, ðearf	**V** bihoven, fallen, speden **adj.** bettre, god, impossible, lefful **p.p.** graunten, sen, yeven **n.** nede	**V** become, behove, seem good **adj.** better, expedient, good, impossible, lawful, meet, profitable **p.p.** give	**V** profit **adj.** better, fair, good, impossible, lawful, necessary, proper **p.p.** give **n.** advantage
②	**adj.** eaðelicra, eaðera	**adj.** lighter, hard	**adj.** easier, hard	**adj.** easier, hard
③	**V** gelician	**V** plesen	**n.** pleasure	**n.** pleasure
④	**adj.** genog	**adj.** inough	**adj.** enough	**adj.** enough
⑤	**n.** gewuna	**n.** custum(e)		
⑥	**V** ðyncan	**V** semen		

表6　主語機能の不定詞・節（①）

OE				ME				EMnE				PE			
述語	U/I	C	T	述語	B/to	C	T	述語	to	C	T	述語	to	C	T
aliefan (V)	2/2		4	bihoven (V)	1/34	4	39	become (V)	1		1	profit (V)	1		1
fremian	/1	1	2	fallen	/2		2	behove	1		1	better (adj.)	12		12
gebyrian	11/5	16	32	speden	/1	6	7	seem good	1		1	fair	2		2
gedafenian	2/		2	bettre (adj.)	/5	1	6	better (adj.)	5	3	8	good	3		3
geðyncan	1/		1	god	/4	1	5	expedient		3	3	impossible	1		1
betera (adj.)	1/1	11	13	impossible		1	1	good	4		4	lawful	17		17
god	/1	4	5	lefful	/17	2	19	impossible		1	1	necessary		1	1
nyttra		1	1	graunten (p.p.)	/1		1	lawful	17		17	proper	1		1
riht		2	2	sen	/1		1	meet	2	1	3	give (p.p.)	2		2
unmihtlic		1	1	yeven	/2		2	profitable		2	2	advantage (n.)		1	1
aliefan (p.p.)	/9	5	14	nede (n.)		5	5	give (p.p.)	3		3				
gesellan	/2	1	3												
neod (n.)		2	2												
ðearf		2	2												
小計	17/21	46	84	小計	1/67	20	88	小計	34	10	44	小計	39	2	41

表6 主語機能の不定詞・節 (②〜⑥)

	OE 述語	OE U/I	OE C	OE T	ME 述語	ME B/to	ME C	ME T	EMnE 述語	EMnE to	EMnE C	EMnE T	PE 述語	PE to	PE C	PE T
②	eaðelicra	/1		1	lighter	/4		4	easier	5		5	easier	4		4
	eaðera	/1	1	2	hard	/1		1	hard	1		1	hard	4		4
	小計	/2	1	3	小計	/5		5	小計	6		6	小計	8		8
③	gelician	1/		1	plesen	/1		1	pleasure	1		1	pleasure	1		1
	小計	1/		1	小計	/1		1	小計	1		1	小計	1		1
④	genog		1	1	inough		1	1	enough		1	1	enough	1		1
	小計		1	1	小計		1	1	小計		1	1	小計	1		1
⑤	gewuna		2	2	custum(e)	/1	1	2								
	小計		2	2	小計	/1	1	2								
⑥	ðyncan		2	2	semen	/1		1								
	小計		2	2	小計	/1		1								
	総計	18/23 (41)	52	93	総計	1/75 (76)	22	98	総計	41	11	52	総計	49	2	51

第3章　主語機能の不定詞・節の実証通時研究　　　31

　表1-4について説明する．主語機能の不定詞・節の分類について，「定動詞に対する不定詞・節の位置（左右）」「±It」「±(to/for) NP」「述語」「不定詞の形（bare/to）」により主語機能の不定詞・節を分類している．表1, 3は，その分類（各タイプ）での主語機能の不定詞・節の各時代の頻度を示すものである．表1, 3の語順を含むタイプ表現は現代英語の表現に統一している．表1のNPについて，NPは不定詞の意味上の主語でもある．表3のNP1, NP2について，NP1: NP1=s, NP2: NP2≠sを意味する．NP2について，(2d)-(2f)を(2a)-(2c)と同じ(2)グループに，(5e)-(5j)を(5a)-(5d)と同じ(5)グループにする理由の1つに，後述の(20)(26)の言語事実がある．表3の節の時制・法・相・態は表1の不定詞に見合うものである．表2は表1の述語(V, adj., p.p., n., 以下同様)を示すものであり，表4は表3の述語を示すものである．表4の述語は表2の述語と同(類)としている．表の太枠は各時代の主要タイプと考えられるものである．

　表5, 6について説明する．表5は，表2, 4の述語を意味の上で分類したものである．分類は次の通りである．①（より）良・利益・適当・許可・必要・当然・義務・不可能，②より易・困難，③喜，④充分，⑤習慣，⑥seemである．①について，意味が広範囲に及び，1つにまとめることは不適当と思われるかもしれない．複数の多義語による意味の一部重なり合いの結果であり，適当と判断した．表6は，表5の分類のもと，各述語と共起する主語機能の不定詞・節の各時代の頻度を示すものである．表6のexpedient (EMnE), necessary (PE)には不定詞はないが，市販の学習英和辞典ではこの2語が不定詞と共起することが読み取れる．第8, 10章との関係より，表6の役割について説明する．本章の構文を「非人称動詞の補文」とする研究者もいるかもしれないが，著者は本章の構文を「主語機能の不定詞・節」としている．したがって，表6の役割は，第8, 10章・表1の役割とは異なり，参考資料扱いである．そのため，「±(to/for) NP」により不定詞を2つに分類することや，「±(to/for) NP1」により節を2つに分類することはしていない．本章の主たる調査結果は表1-4（特に表1, 3）である．なお，表のスペースの都合上，不定詞・節のより詳細な統語・意味・形態論上の情報（受動態，be動詞，現在完了形，*to*の代わりの*for to*, *that ... not*節を表す*but that*など）を示していない．3.5「不定詞・節」を参照されたい．

　次に，主語機能の不定詞・節の各タイプの例文を(1)-(30)に示す．例文ではa: OE, b: ME, c: EMnE, d: PEとする．例文中の斜字体・下線・(he)((21c)

32　　英語準動詞・節の実証通時研究

(21d)) は著者による. 斜字体で主語機能の不定詞・節, 下線で定動詞・述語を明確化する. 伝章節後の同一内容に関する表記は, 参考までに挙げるものである. ［　］の記述は次節に関係するものであり, 本節では無視されたい. 例文後のタイプ表記では, 不定詞をi, 節をcとし, タイプ番号の前につける.

(1)　Mk 12.33 ［ME→EMnE: 節→不定詞］

 a.　and *ðæt* he si gelufod of ealre heortan. and of eallum andgyte. and of ealre sawle. and of ealre strengðe. and *lufigean* his nehstan swa hine sylfne: þæt <u>is</u> mare eallum onsægdnyssum and offrungum (c1) (i1a)

 b.　*that* he be loued of al the herte, and of al the mynde, and of al the vndurstondynge, and of al the soule, and of al strengthe, and *to loue* the nei3bore as hym silf, <u>is</u> gretter than alle brent ofrryngis and sacrifices (c1) (i1b)

 c.　And *to loue* him with all the heart, and with all the vnderstanding, and with all the soule, and with all the strength, and *to loue* his neighbour as himselfe, <u>is</u> more then all whole burnt offerings and sacrifices (i1b)

 d.　and '*to love* him with all the heart, and with all the understanding, and with all the strength,' and '*to love* one's neighbor as oneself,'—this <u>is</u> much more important than all whole burnt offerings and sacrifices (i1b)

(2)　Mt 20.23[2]

 a.　*to sittanne* on mine swiþran healfe oððe on wynstran <u>nys</u> me inc to syllanne (i1b)

 b.　*to sitte* at my ri3thalf or lefthalf, it <u>is</u> not myn to 3yue to 3ou (i1b)

 c.　*to sit* on my right hand, and on my left, <u>is</u> not mine to giue (i1b)

 d.　*to sit* at my right hand and at my left, this <u>is</u> not mine to grant (i1b)

(3)　Lk 6.9 ((3)-(5)は (ほぼ) 同一内容)

 a.　<u>alyfþ</u> on restedagum wel *don.* oððe yfele (i2a)

 b.　if it <u>is leueful</u> *to do* wel in the sabat, or yuel? (i4b)

 c.　<u>Is</u> it <u>lawfull</u> on the Sabbath dayes *to doe* good, or to doe euill? (i4b)

 d.　<u>is</u> it <u>lawful</u> *to do* good or to do harm on the sabbath . . . ? (i4b)

第 3 章　主語機能の不定詞・節の実証通時研究　　　33

(4)　Mk 3.4 ((3)-(5)は（ほぼ）同一内容)

    a.　<u>alyfð</u> restedagum wel *to donne* hweþer ðe yfele (i2b)

    b.　Is it <u>leeueful</u> *to do* wel in the sabatis, ether yuel? (i4b)

    c.　Is it <u>lawfull</u> *to doe* good on the Sabbath dayes, or to doe euill? (i4b)

    d.　Is it <u>lawful</u> *to do* good or to do harm on the sabbath . . . ? (i4b)

(5)　Mt 12.12 ((3)-(5)は（ほぼ）同一内容)

    a.　witodlice <u>ys alyfed</u> on restedagum wel *to donne* (i2c)

    b.　Therfor it <u>is leueful</u> *to do* good in the sabatis (i4b)

    c.　Wherefore it <u>is lawfull</u> *to doe* well on the Sabbath dayes (i4b)

    d.　So it <u>is lawful</u> *to do* good on the sabbath (i4b)

(6)　Mk 8.31 ((6) (12) (22)は（ほぼ）同一内容)

    ［ME→EMnE: 不定詞→他］

    a.　mannes sunu <u>gebyreð</u> fela þinga *þolian* and beon aworpen fram
ealdormannum? and heahsacerdum? and bocerum and beon ofslegen?
and æfter þrim dagum arisan (i3a)

    b.　it <u>bihoueth</u> mannus sone *to suffre* many thingis, and to be repreued of
the elder men, and of the hiȝest prestis, and the scribis, and to be
slayn, and aftir thre dayes, to rise aȝen (i5b)

    c.　the Sonne of man must suffer many things, and be reiected of the
Elders, and of the chiefe Priests, & Scribes, and be killed, & after
three dayes rise againe

    d.　the Son of Man must undergo great suffering, and be rejected
by the elders, the chief priests, and the scribes, and be killed, and
after three days rise again

(7)　Mk 9.47 (OE, ME: 9.46) ((7) (9) (23)は（ほぼ）同一内容)

    a.　<u>betere</u> þe is mid anum eagan *gan* on godes rice þonne twa eagan
hæbbende sy aworpen on helle fyr (i3b)

    b.　it <u>is betere</u> to thee *to entre* gogil iȝed in to the reume of God, than
haue twey iȝen, and be sent in to helle of fier (i6b)

    c.　it <u>is better</u> for thee *to enter* into the kingdome of God with one
eye, then hauing two eyes, to be cast into hel fire (i7)

    d.　it <u>is better</u> for you *to enter* the kingdom of God with one eye than
to have two eyes and to be thrown into hell (i7)

34 英語準動詞・節の実証通時研究

(8) Mt 19.10
   a. ne <u>fremað</u> nanum menn *to wifienne* (i3c)
   b. it <u>spedith</u> not *to be* weddid (i4a)
   c. it is not <u>good</u> *to marrie* (i4b)
   d. it <u>is better</u> not *to marry* (i4b)
(9) Mt 18.9 ((7)(9)(23)は（ほぼ）同一内容)
   a. <u>Betere</u> þe ys mid anum eage on life *to ganne* | þonne þu si mid twam asend on helle fyr (i3d)
   b. It <u>is betere</u> to thee with oon iȝe *to entre* in to lijf, thanne hauynge tweyn iȝen to be sent in to the fier of helle (i6b)
   c. it <u>is better</u> for thee *to enter* into life with one eie, rather then hauing two eies, to be cast into hell fire (i7)
   d. it <u>is better</u> for you *to enter* life with one eye than to have two eyes and to be thrown into the hell of fire (i7)
(10) Mt 13.11 ((10)(24)は同一内容)
   a. eow is <u>geseald</u> *to witanne* heofena rices gerynu (i3e)
   b. to ȝou it is <u>ȝouun</u> *to knowe* the priuytees of the kyngdom of heuenes (i6c)
   c. it is <u>giuen</u> vnto you *to know* the mysteries of the kingdome of heauen (i6c)
   d. To you it has <u>been given</u> *to know* the secrets of the kingdom of heaven (i6c)
(11) Mt 12.10 ((11)(27)は同一内容)
   a. <u>Ys</u> hyt <u>alyfed</u> *to hælenne* on restedagum (i4c)
   b. Whether it <u>be leueful</u> *to hele* in the sabot? (i4b)
   c. <u>Is</u> it <u>lawfull</u> *to heale* on the Sabbath dayes? (i4b)
   d. <u>Is</u> it <u>lawful</u> *to cure* on the sabbath? (i4b)
(12) Mt 16.21 ((6)(12)(22)は（ほぼ）同一内容)
   [OE→ME: 他→不定詞, ME→EMnE: 不定詞→他]
   a. he wolde faran to hierusalem and fela þinga þolian fram yldrum and bocerum and ealdormannum þæra sacerda and beon ofslegen. and þy þryddan dæge arisan

第 3 章　主語機能の不定詞・節の実証通時研究　　35

b. it <u>bihofte</u> hym *go* to Jerusalem, and suffre many thingis, of the eldere men, and of scribis, and princis of prestis; and be slayn, and the thridde dai to rise aȝen (i5a)

c. he must goe vnto Hierusalem, and suffer many things of the Elders and chiefe Priests & Scribes, and be killed, and be raised againe the third day

d. he must go to Jerusalem and undergo great suffering at the hands of the elders and chief priests and scribes, and be killed, and on the third day be raised

(13) Mt 17.4

    a. <u>god ys</u> us her *to beonne* (i3d)

    b. it <u>is good</u> vs *to be* here (i5c)

    c. it <u>is good</u> for vs *to be* here (i7)

    d. it <u>is good</u> for us *to be* here (i7)

(14) Lk 12.32

    a. eowrum fæder <u>gelicode</u> eow rice *syllan* (i3a)

    b. it <u>pleside</u> to ȝoure fadir *to ȝyue* ȝou a kyngdom (i6a)

    c. it is your fathers good <u>pleasure</u> *to giue* you the kingdome (i8)

    d. it is your Father's good <u>pleasure</u> *to give* you the kingdom (i8)

(15) Jn 19.40 ［OE→ME: 他→不定詞，ME→EMnE: 不定詞→他］

    a. hig namon þæs hælendes lichaman and bewundon hine mid lin-enum claðe mid wyrtgemangum swa iudea þaw ys to bebyrgenne

    b. And thei token the bodi of Jhesu, and boundun it in lynun clothis with swete smellynge oynementis, as it <u>is custom</u> to Jewis *for to birie* (i6d)

    c. Then tooke they the body of Iesus, & wound it in linnen clothes, with the spices, as the maner of the Iewes is to burie

    d. They took the body of Jesus and wrapped it with the spices in linen cloths, according to the burial custom of the Jews

(16) Jn 3.14 ［OE→ME: 節→不定詞，ME→EMnE: 不定詞→他］

    a. and swa swa moyses þa næddran up ahof on þam westene. swa <u>gebyrað</u> *þæt* mannes sunu beo up ahafen (c2a)

b. And as Moises areride a serpent in desert, so it bihoueth mannys sone *to be* reisid (i5b)

c. And as Moses lifted vp the serpent in the wildernesse: euen so must the Sonne of man be lifted vp

d. And just as Moses lifted up the serpent in the wilderness, so must the Son of Man be lifted up

(17) Lk 17.1 ((17) (18)は同一内容)

a. unmihtlic is *þæt* gedrefednyssa ne cuman (c2b)

b. It is impossible *that* sclaundris come not (c5b)

c. It is impossible *but that* offences will come (c5b)

d. Occasions for stumbling are bound to come

(18) Mt 18.7 ((17) (18)は同一内容)〔ME→EMnE: 節→他〕

a. Neod ys *þæt* swycdomas cumon (c2c)

b. it is nede *that* sclaundris come (c5d)

c. it must needs be that offences come

d. Occasions for stumbling are bound to come

(19) Jn 16.7

a. eow fremað *þæt* ic fare (c2d)

b. it spedith to ʒou, *that* Y go (c5e)

c. it is expedient for you *that* I goe away (c5h)

d. it is to your advantage *that* I go away (c5j)

(20) Jn 11.50 ((20) (26)は同一内容)〔EMnE→PE: 節→不定詞〕

a. us ys betere *þæt* an man swelte for folce and eall þeod ne forwurðe (c2e)

b. it spedith to ʒou, *that* o man die for the puple, and that al the folc perische not (c5e)

c. it is expedient for vs, *that* one man should die for the people, and that the whole nation perish not (c5h)

d. it is better for you *to have* one man die for the people than to have the whole nation destroyed (i7)

(21) Jn 2.25〔ME→EMnE: 節→他〕

a. him næs nan þearf *þæt* ænig man sæde gewitnesse be men (c2f)

b. it was not nede to hym, *that* ony man schulde bere witnessyng (c5g)

第 3 章　主語機能の不定詞・節の実証通時研究　　　37

    c.　(he) needed not that any should testifie of man (第10章の(1d))

    d.　(he) needed no one to testify about anyone (第10章の(1a))

(22)　Lk 17.25 ((6) (12) (22)は (ほぼ) 同一内容)

    [OE→ME: 節→不定詞,　ME→EMnE: 不定詞→他]

    a.　Æryst him gebyreð *þæt* he fela þinga þolige: and beon fram þisse cneorysse aworpen (c3a)

    b.　But first it bihoueth hym *to suffre* many thingis, and to be repreued of this generacioun (i5b)

    c.　But first must hee suffer many things, & be reiected of this generation

    d.　But first he must endure much suffering and be rejected by this generation

(23)　Mt 18.8 ((7) (9) (23)は (ほぼ) 同一内容) [OE→ME: 節→不定詞]

    a.　Betere þe ys *þæt* þu ga wanhal oþþe healt to life. þonne þu hæbbe twa handa and twegen fet. and sy on ece fyr asend (c3b)

    b.　It is betere to thee *to entre* to lijf feble, ethir crokid, than hauynge tweyne hoondis or twey feet to be sent in to euerlastynge fier (i6b)

    c.　it is better for thee *to enter* into life halt or maimed, rather then hauing two hands or two feete, to be cast into euerlasting fire (i7)

    d.　it is better for you *to enter* life maimed or lame than to have two hands or two feet and to be thrown into the eternal fire (i7)

(24)　Lk 8.10 ((10) (24)は同一内容) [OE→ME: 節→不定詞]

    a.　eow is geseald *þæt* ge witun godes rices geryne (c3c)

    b.　To ȝou it is grauntid *to knowe* the pryuete of the kyngdom of God (i6c)

    c.　Vnto you it is giuen *to know* the mysteries of the kingdome of God (i6c)

    d.　To you it has been given *to know* the secrets of the kingdom of God (i6c)

(25)　Mk 15.6 ((25) (29)はほぼ同一内容)

    a.　On symmeldæge wæs his gewuna *þæt* he him forgeafe ænne gebundenne (c4)

b. But bi the feeste dai he was wont to leeue to hem oon of men boundun

c. Now at that Feast he released vnto them one prisoner

d. Now at the festival he used to release a prisoner for them

(26) Jn 18.14 ((20) (26)は同一内容) [EMnE→PE: 節→不定詞]

    a. hyt <u>wære betere</u> *þæt* an man swulte for folc (c5b)

    b. it <u>spedith,</u> *that* o man die for the puple (c5a)

    c. it <u>was expedient</u> *that* one man should die for the people (c5b)

    d. it <u>was better</u> *to have* one person die for the people (i4b)

(27) Lk 14.3 ((11) (27)は同一内容) [OE→ME: 節→不定詞]

    a. <u>Ys</u> hit <u>alyfed</u> *þæt* man on restedagum hæle (c5c)

    b. Whether it <u>is leeueful</u> *to heele* in the sabat? (i4b)

    c. <u>Is</u> it <u>lawfull</u> *to heale* on the Sabbath day? (i4b)

    d. <u>Is</u> it <u>lawful</u> *to cure* people on the sabbath, or not? (i4b)

(28) Mk 9.42 (OE, ME: 9.41)

    a. <u>betere</u> him <u>wære</u> *þæt* an cweornstan wære to his swuran gecnyt and wære on sæ beworpen (c2e)

    b. it <u>were betere</u> to hym *that* a mylne stoon of assis were don aboute his necke, and he were cast in to the see (c5f)

    c. it <u>is better</u> for him, *that* a milstone were hanged about his necke, and he were cast into the Sea (c5h)

    d. it would be better for you if a great millstone were hung around your neck and you were thrown into the sea

(29) Jn 18.39 ((25) (29)はほぼ同一内容) [ME→EMnE: 節→他]

    a. hit <u>ys</u> eowor <u>gewuna</u> *þæt* ic forgyfe eow anne mann on eastron (c5i)

    b. it <u>is</u> a <u>custom</u> to ȝou, *that* Y delyuere oon to ȝou in pask (c5g)

    c. yee haue a custome that I should release vnto you one at the Passeouer

    d. you have a custom that I release someone for you at the Passover

(30) Mt 10.25 [EMnE→PE: 節→不定詞]

    a. <u>genoh byþ</u> soþlice þam leorningcnihte *þæt* he sy swylce hys lareow and þeow swylce hys hlafurd (c3b)

b. it is ynowȝ to the disciple, *that* he be as his maistir, and to the seruaunt as his lord (c6)

c. It is enough for the disciple *that* he be as his master, and the seruant as his Lord (c7)

d. it is enough for the disciple *to be* like the teacher, and the slave like the master (i7)

　表1-6とその関連例文は最小限の調査結果である．その他の調査結果としては，「すべての例文」「すべての変遷パターン」「すべての同一内容文」がある．「すべての変遷パターン」「すべての同一内容文」は，前章・表の⑪a, bより導き出せる資料である．「すべての例文」「すべての変遷パターン」「すべての同一内容文」の提示は物理的に不可能であるため未提示とするが，それらは考察に際しての重要な調査結果（分析対象資料）である．なお，本節の追加として，3.5「不定詞・節」も参考とされたい．

3.3　考察結果

　本節では，表の形で，調査結果にもとづく主語機能の不定詞・節の通時考察の結果を示す．調査結果とは，表1-6およびその背景にある言語事実を意味する．[3]　考察とは，「定動詞に対する不定詞・節の位置（左右）」「±It」「±(to/for) NP」「述語」「不定詞・節」「時代」「頻度」「変遷」という重要語句を念頭におきながら調査結果を詳細に分析し，そこから主語機能の不定詞・節の通時上重要な点を示すことである．

　考察結果を示す．提示されている調査結果を随時参照しながら次頁の表7を参照し，その後以下の段落を読まれたい．

　本考察結果には多くの重要な点がまとめられている．「この中で特に重要な点は何か」と問われても，回答はできない．主語機能の不定詞・節の実証通時研究に関してはさまざまな探究点があろうが，その探究点が示されてこそ回答が可能だからである．

　表7について説明する．「NP1　主語機能の節　OE→MEでほぼ消滅」について，これには「主な変遷」の「OE→ME: 節→不定詞」が深く関係している．この変遷の具体例は(22)-(24)にみられる．「分布　ME-PE: 不定詞, 節」について，下線で一方が他方よりも相当に高い頻度であることを表す．

「主な変遷」は，注3)にもあるように，「すべての変遷パターン」より出る考察結果である．「変遷特徴　主語機能の不定詞　変則的な増加」について，「変則的な増加」とは「不定詞の位置が右の場合の変遷：41→76→41→49」（OE→ME: 増加, ME→EMnE: 減少, EMnE→PE: やや増加）のことである．この変遷には，OE→ME:「節，他（助動詞）→不定詞」，ME→EMnE:「不定詞→他（助動詞）」「節→不定詞」，EMnE→PE:「節→不定詞」，そしてbehoveの変遷が深く関係している．ここでいうbehoveの変遷とは，「OE→ME→EMnE: gebyrian節，他（助動詞）→bihoven不定詞→他（助動詞）」のことである．behoveの変遷の具体例は(6) (12) (16) (22)にみられる．「変遷特徴　主語機能の節　激減」について，「激減」には「節→不定詞，他」が深く関係している．「OE節→ME不定詞」には，前述にあるように，behoveの変遷が深く関係している．「節→他」の具体例は(17) (18) (21) (25) (28) (29)にみられる．「変遷関係」は，注3)にもあるように，「すべての変遷パターン」より出る考察結果である．

表7　考察結果

	主語機能の不定詞	主語機能の節
左　右	各時代右が一般的　左右は通時的に不変[4]	
It	OE→ME: ほぼ−It→+It	OE→ME: ±It→+It
NP, NP1	形が変化	OE→MEでほぼ消滅
述　語	adj.へと変化	
分　布	OE: 節，不定詞 ME-PE: 不定詞，節	
主な変遷	OE→ME: 節，他→不定詞 ME→EMnE: 不定詞→他；節→他，不定詞 EMnE→PE: 節→不定詞	
変遷特徴	変則的な増加	激減
変遷関係	OE-PEの3変遷期での「節→不定詞」の変遷	
他	OEにないとされている (i1b) (c1) がある[5]	

　表7の説明の終わりとして，「主な変遷」に関する例文を提示する．頁の都合上本節での提示はせず，(1)-(30)を参照されたい．(1)-(30)の［　］内に「主な変遷」が示されている．

3.4 結 び

本章では，OE-PEの英語聖書四福音書を言語資料とする主語機能の不定詞・節の実証通時研究の結果 (調査および考察) を記した．(最小限ではあるが) 調査結果としては**表1-6**とそれに関連する主な例文の提示であり，考察結果としては**表7**の提示およびその説明である．調査結果の追加として，3.5「不定詞・節」も参考とされたい．考察結果について，本研究全体に渡って最も重要な探究点，すなわち準動詞・節の変遷特徴および準動詞と節の変遷関係を再度以下に記す．

> 不定詞の変遷特徴：変則的な増加
> 節の変遷特徴：激減
> 不定詞と節の変遷関係：OE-PEの3変遷期での「節→不定詞」の変遷

注

1) 不定詞の先行研究Visser (1963-73: §§898-915)そしてMEの先行研究Manabe (1989: III) に対する言及は佐藤 (2006: 6.1, 6.2)で行っており，再録は控える． Van Linden (2010)は，OE-PE・4時代通しての本構文に関するコーパス通時研究 (diachronic corpus-based study) である．Van Lindenは，和書ではあるが佐藤 (2006) そして本書に興味をもつのではないだろうか．

   本研究は，主語機能の不定詞・節の適切な枠組みで調査結果を示し，意義ある考察結果を示すものである．なお，本章での「主語機能の不定詞の枠組み」(表1)は，佐藤 (2006: 6.3)の「主語機能の不定詞の枠組み」(表2)を若干修正したものである．

2) 本文(1a)(1d)(2b)(2d)では不定詞の右(定動詞の前)にðæt, this, itがあるが，(i1b)として分類する．これについては，中尾 (1972: 311) およびVisser (1963-73: 57, 954)を参照されたい．

   なお，本文(2)と同一内容のMk 10:40では代名詞はない (ME: *to sitte* at my rithalf or lefthalf <u>is</u> not myn to ȝyue to ȝou (i1b), PE: *to sit* at my right hand or at my left <u>is</u> not mine to grant (i1b))．

3) 「その背景にある言語事実」とは，前節の本文・最終段落にある「すべての例文」「すべての変遷パターン」「すべての同一内容文」のことである．本文・表7

の「主な変遷」「変遷関係」は「すべての変遷パターン」より出る考察結果である.

4) 「左右は通時的に不変」に関する説明は佐藤（2006: 6.4）で行っており，再録は控える．そこでは，本結論と異なる見解として中尾（1972: 311）および中尾・児馬（編著）（1990: 212-13）を引用し，本結論の拠り所の1つとして Mair（1990: 32-40）を引用している.

5) 「OEにないとされている(i1b)(c1)がある」に関する説明は佐藤（2006: 6.4）で行っており，再録は控える．そこでは，本結論と異なる見解としてElmer（1981: 23-24）およびVisser（1963-73: §§898-915）を引用し，本結論の拠り所として真鍋（1983: 50），Mair（1990: 32-40），そしてラテン語を引用している．「英語聖書におけるラテン語の影響」については前章を参照されたい.

　参考のため，佐藤（2006: 6.4）には記されていない本文(1)のラテン語を示す．Mk 12.33, L: et *diligere* eum ex toto corde et ex toto intellectu et ex tota fortitudine" et: "*Diligere* proximum tamquam seipsum" maius <u>est</u> omnibus holocaustomatibus et sacrificiisであり，「<u>左節</u>（OE）」と「<u>左不定詞</u>（L）」の違いがみられ，古英語聖書がラテン語の影響を受けているとは必ずしも言えない.

3.5　不定詞・節

伝章節後の（　）内の表示について記す．beはbe動詞，but thatはthat ... not節，*for to*は*for to*不定詞，pはpassive（形態上），現完は現在完了形を表す．現完の表示は不定詞の場合だけである．man, weについては，本文(8)(27)そして以下の例文を参考とされたい．例文に関する注は本文(1)-(30)の場合と同じである.

Mt 22.17

a. <u>ys</u> hyt <u>alyfed</u> *þæt* man casere gaful sylle, þe na (c5c)

b. <u>Is</u> it <u>leueful</u> *that* tribute be ȝouun to the emperoure, ether nay? (c5b)

c. <u>Is</u> it <u>lawfull</u> *to giue* tribute vnto Cesar, or not? (i4b)

d. <u>Is</u> it <u>lawful</u> *to pay* taxes to the emperor, or not? (i4b)

表1　主語機能の不定詞

(1a) *Do* **+ be** OE [1]: Mk 12.33.

(1b) *To do* **+ be/defile** OE [1]: **beon** [1]: Mt 20.23. ME [4]: **ben** [3]: Mt 20.23, Mk 10.40, 12.33; **defoulen** [1]: Mt 15.20. EMnE [4]: **be** [3]: Mt 20.23, Mk 10.40,

第 3 章　主語機能の不定詞・節の実証通時研究　　　43

12.33; **defile** [1]: Mt 15.20. PE [4]: **be** [3]: Mt 20.23, Mk 10.40, 12.33; **defile** [1]: Mt
15.20.

(2a)　V + *do* OE [1]: **aliefan** [1]: Lk 6.9.

(2b)　V + *to do* OE [2]: **aliefan** [2]: Mk 3.4, 12.14.

(2c)　Be + p.p. + *to do* OE [2]: **aliefan** [2]: Mt 12.12, Lk 6.4.

(3a)　V + NP + *do* OE [16]: **aliefan** [1]: Mk 10.2; **gebyrian** [11]: Mt 17.10, 18.33,
Mk 8.31, 13.10 (p), Lk 12.12, 13.16 (p), 13.33, 15.32, 17.25 (p), 24.26, 24.46;
gedafenian [2]: Mt 3.15, Lk 4.43; **gelician** [1]: Lk 12.32; **geðyncan** [1]: Lk 1.3.

(3b)　Be + adj. + NP + *do* OE [1]: **betera** [1]: Mk 9.47 (OE: 9.46).

(3c)　V + NP + *to do* OE [5]: **fremian** [1]: Mt 19.10 (man); **gebyrian** [4]: Mk 14.31,
Lk 2.49 (be), 11.42, Jn 9.4. ME [1]: **semen** [1]: Mt 25.29.

(3d)　Be + adj. + NP + *to do* OE [4]: **betera** [1]: Mt 18.9; **eaðelicra** [1]: Mt 19.24;
eaðera [1]: Mk 10.25; **god** [1]: Mt 17.4 (be).

(3e)　Be + p.p. + NP + *to do* OE [8]: **aliefan** [6]: Mt 12.2, 12.4, 14.4, 19.3, Mk 2.26,
6.18; **gesellan** [2]: Mt 13.11, Mk 4.11.

(4a)　It + V + *to do* OE [1]: **gebyrian** [1]: Mt 26.54 (be). ME [8]: **bihoven** [7]: Mt
23.23, 26.54 (p), Lk 11.42, 13.14, 15.32 (*for to*), 18.1, Jn 4.20; **speden** [1]: Mt
19.10 (p).

(4b)　It + be + adj. + *to do* ME [10]: **god** [2]: Mt 15.26, Mk 7.27; **lefful** [8]: Mt 12.10,
12.12, 27.6, Mk 2.26, 3.4, Lk 6.4, 6.9, 14.3. EMnE [13]: **easier** [1]: Mk 2.9; **good**
[1]: Mt 19.10; **lawful** [9]: Mt 12.10, 12.12, 22.17, 27.6 (*for to*), Mk 3.4, 12.14, Lk
6.4, 6.9, 14.3; **meet** [2]: Mt 15.26, Mk 7.27. PE [13]: **better** [2]: Mt 19.10, Jn 18.14;
fair [2]: Mt 15.26, Mk 7.27; **hard** [1]: Mk 10.24; **lawful** [8]: Mt 12.10, 12.12, 22.17,
27.6, Mk 3.4, 12.14, Lk 6.9, 14.3.

(4c)　It + be + p.p. + *to do* OE [1]: **aliefan** [1]: Mt 12.10.

(5a)　It + V + NP + *do* ME [1]: **bihoven** [1]: Mt 16.21.

(5b)　It + V + NP + *to do* ME [28]: **bihoven** [27]: Mt 18.33, 24.6 (p), 25.27, Mk 8.31,
9.11 (ME: 9.10), 13.7 (p), Lk 2.49 (be), 4.43, 9.22, 12.12, 13.16 (p), 13.33, 17.25,
21.9 (p), 22.37 (p), 24.7 (p), 24.26, 24.46, Jn 3.7 (p), 3.14 (p), 3.30, 4.4, 4.24, 9.4,
10.16, 12.34 (p), 20.9; **fallen** [1]: Lk 13.33. EMnE [2]: **become** [1]: Mt 3.15; **behove**
[1]: Lk 24.46. PE [1]: **profit** [1]: Mk 8.36.

(5c)　It + be + adj. + NP + *to do* ME [6]: **god** [2]: Mt 17.4 (be), Mk 9.5 (ME: 9.4)
(be); **lighter** [4]: Mt 19.24, Mk 10.25, Lk 16.17, 18.25.

44 英語準動詞・節の実証通時研究

(6a) **It + V + to NP +** *to do* ME [2]: **fallen** [1]: Mt 3.15; **plesen** [1]: Lk 12.32. EMnE [1]: **seem good** [1]: Lk 1.3.

(6b) **It + be + adj. + to NP +** *to do* ME [14]: **bettre** [5]: Mt 18.8, 18.9, Mk 9.43 (ME: 9.42), 9.45 (ME: 9.44), 9.47 (ME: 9.46); **lefful** [9]: Mt 12.4, 14.4, 19.3, 20.15, Mk 6.18, 10.2, Lk 20.22, Jn 5.10, 18.31.

(6c) **It + be + p.p. + to NP +** *to do* ME [4]: **graunten** [1]: Lk 8.10; **sen** [1]: Lk 1.3; **yeven** [2]: Mt 13.11, Mk 4.11. EMnE [3]: **give** [3]: Mt 13.11, Mk 4.11, Lk 8.10. PE [2]: **give** [2]: Mt 13.11, Lk 8.10.

(6d) **It + be + n. + to NP +** *to do* ME [1]: **custum(e)** [1]: Jn 19.40 (*for to*).

(7) **It + be + adj. + for NP +** *to do* ME [1]: **hard** [1]: Mk 10.24. EMnE [21]: **better** [5]: Mt 18.8, 18.9, Mk 9.43, 9.45, 9.47; **easier** [4]: Mt 19.24, Mk 10.25, Lk 16.17, 18.25; **good** [3]: Mt 17.4 (be), Mk 9.5 (be), Lk 9.33 (be); **hard** [1]: Mk 10.24; **lawful** [8]: Mt 14.4, 19.3, 20.15, Mk 6.18, 10.2, Lk 20.22, Jn 5.10, 18.31. PE [32]: **better** [10]: Mt 5.29, 5.30, 18.8, 18.9, 26.24 (p)(現完), Mk 9.43, 9.45, 9.47, 14.21 (p)(現完), Jn 11.50; **easier** [4]: Mt 19.24, Mk 10.25, Lk 16.17, 18.25; **enough** [1]: Mt 10.25 (be); **good** [3]: Mt 17.4 (be), Mk 9.5 (be), Lk 9.33 (be); **hard** [3]: Mt 19.23, Mk 10.23, Lk 18.24; **impossible** [1]: Lk 13.33 (p); **lawful** [9]: Mt 12.4, 14.4, 19.3, Mk 2.26, 6.18, 10.2, Lk 6.4, 20.22, Jn 5.10; **proper** [1]: Mt 3.15.

(8) **It + be + NP's n. +** *to do* EMnE [1]: **pleasure** [1]: Lk 12.32. PE [1]: **pleasure** [1]: Lk 12.32.

表3 主語機能の節

(1) *That* **+ s + v + be** OE [1]: Mk 12.33 (p). ME [1]: Mk 12.33 (p).

(2a) **V + (***that***) + s + v** OE [4]: **gebyrian** [4]: Mk 9.11 (OE: 9.10), Lk 13.14 (man), 13.33, Jn 3.14 (p).

(2b) **Be + adj. +** *that* **+ s + v** OE [5]: **eaðera** [1]: Lk 16.17; **god** [3]: Mk 7.27 (man), 9.5 (OE: 9.4) (be), Lk 9.33 (be); **unmihtlic** [1]: Lk 17.1.

(2c) **Be + n. +** *that* **+ s + v** OE [1]: **neod** [1]: Mt 18.7.

(2d) **V + NP2 +** *that* **+ s + v** OE [1]: **fremian** [1]: Jn 16.7.

(2e) **Be + adj. + NP2 +** *that* **+ s + v** OE [6]: **betera** [5]: Mt 5.29, 5.30, 18.6 (p), Mk 9.42 (OE: 9.41) (p), Jn 11.50; **nyttra** [1]: Lk 17.2 (p).

(2f) **Be + n. + NP2 +** *that* **+ s + v** OE [2]: **ðearf** [2]: Jn 2.25, 16.30.

(3a) **V + NP1 +** *that* **+ s + v** OE [6]: **gebyrian** [4]: Lk 17.25, Jn 3.7 (p), 4.4, 4.24;

第 3 章　主語機能の不定詞・節の実証通時研究　　　45

ðyncan [2]: Mt 25.29, Jn 8.53 (be).

(3b) **Be + adj. + NP1 +** *that* **+ s + v** OE [6]: **betera** [5]: Mt 18.8, 26.24 (p), Mk 9.43 (OE: 9.42), 9.45 (OE: 9.44), 14.21 (p); **genog** [1]: Mt 10.25 (be).

(3c) **Be + p.p. + NP1 +** *that* **+ s + v** OE [3]: **aliefan** [2]: Jn 5.10, 18.31; **gesellan** [1]: Lk 8.10.

(4)　**Be + NP1's n. +** *that* **+ s + v** OE [1]: **gewuna** [1]: Mk 15.6.

(5a) **It + V +** *that* **+ s + v** OE [8]: **gebyrian** [8]: Mt 23.23, 25.27, Mk 13.7, Lk 9.22, Jn 3.30, 10.16, 12.34 (p), 20.9. ME [5]: **bihoven** [4]: Mt 17.10, 26.35, Mk 13.10 (p), 14.31; **speden** [1]: Jn 18.14.

(5b) **It + be + adj. +** *that* **+ s + v** OE [4]: **betera** [1]: Jn 18.14; **god** [1]: Mt 15.26 (man); **riht** [2]: Lk 18.1 (man), 20.22. ME [4]: **lefful** [2]: Mt 22.17 (p), Mk 12.14 (p); **god** [1]: Lk 9.33 (be) ; **impossible** [1]: Lk 17.1. EMnE [3]: **expedient** [1]: Jn 18.14; **impossible** [1]: Lk 17.1 (but that); **meet** [1]: Lk 15.32. PE [1]: **necessary** [1]: Lk 24.26.

(5c) **It + be + p.p. +** *that* **+ s + v** OE [3]: **aliefan** [3]: Mt 22.17 (man), 27.6 (we), Lk 14.3 (man).

(5d) **It + be + n. +** *that* **+ s + v** OE [1]: **neod** [1]: Lk 24.44 (p). ME [3]: **nede** [3]: Mt 18.7, Lk 22.7 (p), 24.44 (p).

(5e) **It + V + to NP2 +** *that* **+ s + v** ME [5]: **speden** [5]: Mt 5.29, 5.30, 18.6 (p), Jn 11.50, 16.7.

(5f) **It + be + adj. + to NP2 +** *that* **+ s + v** ME [1]: **bettre** [1]: Mk 9.42 (ME: 9.41) (p).

(5g) **It + be + n. + to NP2 +** *that* **+ s + v** ME [3]: **custum(e)** [1]: Jn 18.39; **nede** [2]: Jn 2.25, 16.30.

(5h) **It + be + adj. + for NP2 +** *that* **+ s + v** EMnE [7]: **better** [3]: Mt 18.6 (p), Mk 9.42 (p), Lk 17.2 (p); **expedient** [2]: Jn 11.50, 16.7; **profitable** [2]: Mt 5.29, 5.30.

(5i) **It + be + NP2's n. +** *that* **+ s + v** OE [1]: **gewuna** [1]: Jn 18.39.

(5j) **It + be + to NP2's n. +** *that* **+ s + v** PE [1]: **advantage** [1]: Jn 16.7.

(6)　**It + be + adj. + to NP1 +** *that* **+ s + v** ME [1]: **inough** [1]: Mt 10.25 (be).

(7)　**It + be + adj. + for NP1 +** *that* **+ s + v** EMnE [1]: **enough** [1]: Mt 10.25 (be).

第4章
後位修飾語句の実証通時研究

4.1　序

　本章では，OE-PEの英語聖書四福音書マタイ伝を言語資料とする後位修飾語句の実証通時研究の結果を記す．扱う後位修飾語句は，不定詞・現在分詞・過去分詞（準動詞），関係代名詞・複合関係代名詞（節）とし，前置詞句は含まない．複合関係代名詞とは，先行詞と関係代名詞の両方の機能をもつ関係詞代名詞のことである．本研究の内容は次の2点である．①OE-PEの英語聖書四福音書マタイ伝を言語資料とする後位修飾語句の通時調査の結果を示すこと，②調査結果にもとづく後位修飾語句の通時考察の結果を示すことである．考察とは，後位修飾語句の変遷特徴，後位修飾語句間の変遷関係，準動詞と節の変遷関係を示すことである．英語学習者への不定詞・分詞の説明に，不定詞・分詞は関係代名詞節の一部分を省略したものという説明や不定詞・分詞と関係代名詞節の関係づけをする英語教師にとっては，本考察結果はなお一層興味深いものとなろう．

　次節以降の構成は次の通りである．4.2「調査結果」，4.3「考察結果」，4.4「結び」とする．なお，4.5「後位修飾語句」として，4.2「調査結果」で提示される表1, 2のすべての後位修飾語句（伝章節）を提示する．

4.2　調査結果

　本節では，2つの表とそれに関連する主な例文を提示することにより，OE-PEの英語聖書四福音書マタイ伝を言語資料とする後位修飾語句の通時調査の結果を示す．まずは，表の提示そしてその説明を行う．表1, 2を参照されたい．「主格関係」および「目的格関係」の表である．[1]

表1　主格関係

	OE	ME	EMnE	PE
不 　定 　詞			2	2
現 　在 　分 　詞	12	14	19	11
過 　去 　分 　詞	12	19	29	26
小 　計	24	33	50	39
関 係 代 名 詞	271	321	282	186
複合関係代名詞	39	17	51	72
小 　計	310	338	333	258
総 　計	334	371	383	297

表2　目的格関係

	OE	ME	EMnE	PE
不 　定 　詞		3	4	8
小 　計		3	4	8
関 係 代 名 詞	44	43	38	33
複合関係代名詞	18	6	17	28
小 　計	62	49	55	61
総 　計	62	52	59	69

　表1, 2について説明する．「主格関係」について，準動詞では名詞と（準動詞の）動詞の関係が「s+v」であることを表し，関係代名詞および複合関係代名詞では主格のものを表す．「目的格関係」について，不定詞では名詞と（不定詞の）動詞の関係が「o+v」であることを表し，関係代名詞および複合関係代名詞では動詞に対する対格または直接目的格のものを表す．関係代名詞の制限用法・非制限用法について，制限・非制限の区別はせず，表の数値は両用法の合算である．準動詞についても同様の扱いをしている．[2]　なお，表のスペースの都合上，後位修飾語句のより詳細な統語・意味・形態論上の情報（受動態，be動詞，動詞haveなど）を示していない．4.5「後位修飾語句」を参照されたい．

　次に，後位修飾語句の主な例文を(1)-(10)に示す．特に(3)(5)に注目されたい．例文ではa: OE, b: ME, c: EMnE, d: PEとする．例文中の斜字体・下線

は著者による. 斜字体で後位修飾語句, 下線で先行詞(の核)を明確化する.

(1) Mt 12.32 (c, d にて主格関係の不定詞)
    a. on þære toweardan
    b. in the tothir
    c. in the world *to come*
    d. in the age *to come*

(2) Mt 9.2 (主格関係の現在分詞)
    a. ða brohton hig hym ænne laman on bedde *licgende*
    b. And lo! thei brouȝten to hym a man sike in palesie, *liggynge* in a bed
    c. And behold, they brought to him a man sicke of the palsie, *lying* on a bed
    d. And just then some people were carrying a paralyzed man *lying* on a bed

(3) Mt 11.16 (主格関係の現在分詞, a の語順に注意 [3])
    a. heo ys gelic *sittendum* cnapun on foretige. þa hrymað to hyra efengelicon
    b. It is lijk to children *sittynge* in chepyng, that crien to her peeris
    c. It is like vnto children, *sitting* in the markets, and calling vnto their fellowes
    d. It is like children *sitting* in the marketplaces and calling to one another

(4) Mt 11.8 (主格関係の過去分詞)
    a. oððe hwi eode ge ut geseon mann hnescum gyrlum *gescrydne*
    b. Or what thing wenten ȝe out to see? a man *clothid* with softe clothis?
    c. But what went ye out for to see? A man *clothed* in soft raiment?
    d. What then did you go out to see? Someone *dressed* in soft robes?

(5) Mt 13.44 (主格関係の過去分詞, a の語順に注意 [4])
    a. Heofona rice is gelic *gehyddum* goldhorde on þam æcere
    b. The kyngdom of heuenes is lijk to tresour *hid* in a feld
    c. Againe, the kingdome of heauen is like vnto treasure *hid* in a field
    d. The kingdom of heaven is like treasure *hidden* in a field

第4章 後位修飾語句の実証通時研究 49

(6) Mt 18.12（主格関係の関係代名詞）
   a. hu ne forlæt he þa nigon and hundnigontig on þam muntum. and gæð and secþ þæt <u>an</u> *þe* forwearð
   b. whethir he schal not leeue nynti and nyne in desert, and schal go to seche <u>that</u> *that* erride?
   c. doth he not leaue the ninetie and nine, and goeth into the mountaines, and seeketh <u>that</u> *which* is gone astray?
   d. does he not leave the ninety-nine on the mountains and go in search of the <u>one</u> *that* went astray?

(7) Mt 18.4（主格関係の複合関係代名詞）
   a. *Swa hwylc swa* hyne geeaþmet swa þes lytling. se ys mara on heofena rice
   b. Therfor *who euer* mekith hym as this litil child, he is gretter in the kyngdom of heuenes
   c. *Whosoeuer* therefore shall humble himselfe as this little childe, the same is greatest in the Kingdome of heauen
   d. *Whoever* becomes humble like this child is the greatest in the kingdom of heaven

(8) Mt 15.32（b-dにて目的格関係の不定詞, aにて目的格関係の複合関係代名詞）
   a. forþam hig þry dagas mid me wunodon. and hig nabbað *hwæt* hig eton
   b. for thei han abiden now thre daies with me, and han no <u>thing</u> *to ete*
   c. because they continue with me now three dayes, and haue <u>nothing</u> *to eate*
   d. because they have been with me now for three days and have <u>nothing</u> *to eat*

(9) Mt 13.44（目的格関係の関係代名詞）
   a. and for his blysse gæð and sylþ <u>eall</u> *þæt* he ah and gebigþ ðone æcer
   b. and for ioye of it he goith, and sillith alle <u>thingis</u> *that* he hath, and bieth thilk feeld
   c. and for ioy thereof goeth and selleth <u>all</u> *that* hee hath, and buyeth that field

d. then in his joy he goes and sells <u>all</u> *that* he has and buys that field

(10) Mt 16.19（目的格関係の複合関係代名詞）

    a. and *swa hwæt swa* þu ofer eorþan gebindst þæt byþ on heofonum gebunden

    b. and *what euer* thou shalt bynde on erthe, schal be boundun also in heuenes

    c. and *whatsoeuer* thou shalt bind on earth, shall be bound in heauen

    d. and *whatever* you bind on earth will be bound in heaven

　表1, 2とその関連例文は最小限の調査結果である．その他の調査結果としては，「すべての例文」「すべての変遷パターン」「すべての同一内容文」がある．「すべての変遷パターン」「すべての同一内容文」は，第2章・表の⑪a, bより導き出せる資料である．「すべての例文」「すべての変遷パターン」「すべての同一内容文」の提示は物理的に不可能であるため未提示とするが，それらは考察に際しての重要な調査結果（分析対象資料）である．なお，本節の追加として，4.5「後位修飾語句」も参考とされたい．

4.3　考察結果

　本節では，調査結果にもとづく後位修飾語句の通時考察の結果を示す．調査結果とは，表1, 2およびその背景にある言語事実を意味する．[5)] 考察とは，後位修飾語句の変遷特徴，後位修飾語句間の変遷関係，準動詞と節の変遷関係を示すことである．

　考察結果を示す．まずは，「主格関係」の考察結果を示す．提示されている調査結果を随時参照しながら，(11)とその後の説明を読まれたい．

(11) 「主格関係」の考察結果

    a. 不定詞の変遷特徴について，低い頻度のため明示はできない．

    b. 現在分詞の変遷特徴について，OE→EMnEでは頻度の増加，EMnE以降では頻度の減少がみられる．

    c. 過去分詞の変遷特徴について，OE→EMnEでは頻度の増加，EMnE以降では頻度の小さな減少がみられる．

    d. 関係代名詞の変遷特徴について，OE→MEでは頻度の増加，ME

第4章　後位修飾語句の実証通時研究　　　51

以降では頻度の減少・激減がみられる．今後も関係代名詞の減
少が続くと推測できる．

e. 複合関係代名詞の変遷特徴について，OE→MEでは頻度の減少，
ME以降では頻度の増加がみられる．

f. 関係代名詞と複合関係代名詞の変遷関係について，OE→MEで
は「複合関係代名詞→関係代名詞」の変遷，ME以降では「関係代
名詞→複合関係代名詞」の変遷がみられる．

g. 準動詞と節の変遷関係について，頻度の分析より，変遷関係は
（ほぼ）ないと判断できる．

　(11d)の後半(11f)(11g)は，注5)にもあるように，「すべての変遷パター
ン」より出る考察結果である．(11d)について，「今後も関係代名詞の減少が
続く」に対する説明を行う．EMnE→PEでの主な変遷は，「関係代名詞→複
合関係代名詞」「関係代名詞→形容詞句」「関係代名詞→名詞」であるが，PE
「形容詞句」「名詞」（55例）の詳細を示すことがその説明となる．「形容詞句」
は，「存在be系前置詞句」と「have系前置詞句」に内訳される．次頁以降に示
す表3と(12)-(15)を参照されたい．表3はPE「形容詞句」「名詞」の歴史に関
する表である．表3を右から左へとみていただきたいが，PEでの内訳，PE:
RSV (May et al. eds. 1977)での状況，EMnEでの状況を示している．(12)-
(14)は表3の例文である．a: EMnE, b: PE: RSV, c: PEとする．斜字体は著
者による．斜字体で重要箇所を明確化する．(15)はPEの英文であり，この
時代でも前置詞句になっていない例である．斜字体に関する注は(12)-(14)
の場合と同じである．表3と(12)-(14)より，「関係代名詞の減少」には「前置
詞句」「名詞」への変遷が深く関係している．そして(15)のような関係代名詞
節が将来的に前置詞句（your Father *in* secret / the one *with* the two talents）
へと変化することは充分考えられることであり，また一方では更なる名詞
化，複合関係代名詞などへの変化も起こり得よう．これらより，程度は不明
ではあるが「今後も関係代名詞の減少が続く」と推測できる．(11f)について，
OE→MEでの「複合関係代名詞→関係代名詞」の変遷は，複合関係代名詞の
形態の変化とse, ða, ðæt, ðeの衰退が関係しているのであろう．参考として，
本言語資料OE, MEにおける「主格関係」「目的格関係」の複合関係代名詞
の形態とその頻度を表4に示す．「目的格関係」は(19d)の説明の際に参考と
する．また，変遷の例文を(16)に示す．例文に関する注は(1)-(10)の場合と

同じである．以上をまとめると，MEより複合関係代名詞の再出発があった
と考えられる．(11g)について，「準動詞：節」の通時的な頻度の点で，第3,
6, 8, 10章とは明らかな違いがみられる．一方，次章とは類似性がみられる．
また，「（ほぼ）ない」としているのは，若干「関係代名詞→現在分詞」「関係
代名詞→過去分詞」の変遷がみられるからであるが，これらは，頻度からみ
て，主な変遷とは考え難い．「関係代名詞→他」への変遷の1つにすぎないと
みなすのが妥当であろう．参考として，「関係代名詞→現在分詞」「関係代名
詞→過去分詞」の変遷の例文を(17)(18)に示す．例文に関する注は(1)-(10)
の場合と同じである．

表3　PE「形容詞句」「名詞」全55例の歴史

EMnE	PE: RSV	PE	
関係代名詞: 55	関係代名詞: 20 前　置　詞　句:　7	存在be系前置詞句: 27	形容詞句
	関係代名詞:　3 前　置　詞　句:　1	have系前置詞句: 4	
	関係代名詞:　2 名　　　　詞: 22	名　　詞: 24	

(12)　Mt 6.9 (a, b: 関係代名詞節，　c: 存在be系前置詞句)

    a.　Our father *which art* in heauen

    b.　Our Father *who art* in heaven

    c.　Our Father *in* heaven

(13)　Mt 25.28 (a, b: 関係代名詞節，　c: have系前置詞句)

    a.　Take therefore the talent from him, and giue it vnto him *which hath* ten talents

    b.　So take the talent from him, and give it to him *who has* the ten talents

    c.　So take the talent from him, and give it to the one *with* the ten talents

(14)　Mt 12.3 (a, b: 関係代名詞節，　c: 名詞)

    a.　Haue yee not read what Dauid did when hee was an hungred, and *they that were with him*

第 4 章　後位修飾語句の実証通時研究　　　53

    b.　Have you not read what David did, when he was an hungry, and *those who were with him*

    c.　Have you not read what David did when he and *his companions* were hungry?

(15)　PE 関係代名詞節

    a.　But whenever you pray, go into your room and shut the door and pray to your Father *who is* in secret (Mt 6.6)

    b.　In the same way, the one *who had* the two talents made two more talents (Mt 25.17)

表 4　OE, ME の複合関係代名詞

	OE	ME
主 格 関 係	swa hw- (swa): 15 se: 1, ða: 1, ðæt: 19, ðe: 3	wh-: 15 that: 2
	39	17
目的格関係	swa hw- swa: 9, hw-: 3 ðæt: 6	wh-: 6
	18	6

(16)　Mt 18.5 (a, c, d: 複合関係代名詞,　b: 関係代名詞)

    a.　and *swa hwylc swa* anne þilicne lytling on minum naman onfehþ. se onfehþ me

    b.　And <u>he</u> *that* resseyueth o siche litil child in my name, resseyueth me

    c.　And *who so* shall receiue one such little child in my name, re-ceiueth me

    d.　*Whoever* welcomes one such child in my name welcomes me

(17)　Mt 21.43 (a, d: 関係代名詞,　b, c: 現在分詞)

    a.　eow byð ætbroden godes rice. and byð geseald þære <u>þeode</u> *þe* hys earnað

    b.　the kyngdom of God schal be takun fro ʒou, and shal be ʒouun to a <u>folc</u> *doynge* fruytis of it

c. the kingdome of God shall be taken from you, and giuen to a
   <u>nation</u> *bringing* forth the fruits thereof

d. the kingdom of God will be taken away from you and given to a
   <u>people</u> *that* produces the fruits of the kingdom

(18) Mt 5.14 (a, c: 関係代名詞, b, d: 現在分詞)

a. ne mæg seo <u>ceaster</u> beon behyd *þe* byð uppan munt aset

b. a <u>citee</u> *set* on an hil may not be hid

c. A <u>citie</u> *that* is set on an hill, cannot be hid

d. A <u>city</u> *built* on a hill cannot be hid

次に,「目的格関係」の考察結果を示す. 提示されている調査結果を随時参
照しながら, (19) とその後の説明を読まれたい.

(19) 「目的格関係」の考察結果

a. 不定詞の変遷特徴について, 頻度の増加がみられる. 今後も不定
   詞の増加が続くかもしれない.

b. 関係代名詞の変遷特徴について, MEより頻度の減少がみられ
   る.

c. 複合関係代名詞の変遷特徴について, OE→MEでは頻度の減少,
   ME以降では頻度の増加がみられる.

d. 関係代名詞と複合関係代名詞の変遷関係について, OE→MEで
   は「複合関係代名詞→関係代名詞」の変遷, ME以降では「関係代
   名詞→複合関係代名詞」の変遷がみられる.

e. 不定詞と節の変遷関係について, 頻度の分析より, 変遷関係はな
   いと判断できる.

　(19a)の後半 (19d) (19e)は, 注5)にもあるように,「すべての変遷パターン」
より出る考察結果である. (19a)について,「今後も不定詞の増加が続く」に
対する説明を行う. EMnE→PEでの「他→不定詞」の変遷の「他」の詳細を示
すことがその説明となる. 次頁の(20)-(22)を参照されたい. EMnE「他」(4
例) の内訳は,「give + IO + DO」の「DO」(3例) と「副詞的用法「目的」の不
定詞」(1例) であり, (20) (21)はそれぞれの例文である.6) a: EMnE, b: PEと
する. 斜字体は著者による. 斜字体で重要箇所を明確化する. (22)はPEの

英文であり，この時代の「副詞的用法「目的」の不定詞」の一例である（(21a)のgive構文とは異なる）．斜字体に関する注は(20)(21)の場合と同じである．(20)(21)より，「不定詞の増加」には「DO」「副詞的用法「目的」の不定詞」といった「他」からの変遷が関係している．そして(22)のような副詞的用法「目的」の不定詞が将来的に形容詞的用法の不定詞へと変化することは考えられることであり，また一方では「DO」などからの変化も起こるかもしれない．これらより，程度は不明ではあるが，「今後も不定詞の増加が続く」かもしれない．(19d)について，上記(11f)の解説とほぼ同じでありそれを読まれたい．変遷の一例を(23)に示す．例文に関する注は(1)-(10)の場合と同じである．(19e)について，「準動詞：節」の通時的な頻度の点で，第3, 6, 8, 10章とは明らかな違いがみられる．一方，次章とは類似性がみられる．

(20) Mt 25.35（a: DO, b: 形容詞的用法の不定詞）
　　　a. ye gaue me *drinke*
　　　b. you gave me something *to drink*

(21) Mt 14.16（a: 副詞的用法「目的」の不定詞, b: 形容詞的用法の不定詞）
　　　a. giue yee them *to eate*
　　　b. you give them something *to eat*

(22) PE副詞的用法「目的」の不定詞
　　　Then Jesus summoned his twelve disciples and gave them authority over unclean spirits, *to cast* them out, and to cure every disease and every sickness (Mt 10.1)

(23) Mt 10.27（a, c, d: 複合関係代名詞, b: 関係代名詞）
　　　a. *Ðæt* ic eow secge on þystrum. secgað hyt on leohte
　　　b. That thing *that* Y seie to ʒou in derknessis, seie ʒe in the liʒt
　　　c. *What* I tell you in darkenesse, that speake yee in light
　　　d. *What* I say to you in the dark, tell in the light

　本考察点にはないが，最後に，全体の考察結果を示す．提示されている調査結果を随時参照しながら，(24)とその後の説明を読まれたい．

(24) **全体の考察結果**

    a. 不定詞では,「目的格関係」が「主格関係」より頻度が高い.

    b. 関係代名詞と複合関係代名詞の変遷の節目は,「主格関係」「目的格関係」共にMEである.

    c. 関係代名詞と複合関係代名詞では,「主格関係」が「目的格関係」より（相当に）頻度が高い.（24a）とは逆である.

    d. 関係代名詞と複合関係代名詞の間では,「主格関係」が「目的格関係」より相当に頻度の差が大きい.

  （24a）について,「主格関係」が特に低い頻度のため明言はできないのかもしれない.（24b）について，変遷の節目は同じでも変遷カーブは大きく異なる.（24c）について,「主格関係」「目的格関係」の関係代名詞と複合関係代名詞では,「主語の性質（人・物）」「態」「動詞の自・他動詞」の上で生ずる頻度が異なり，それが(24c)に大きく関係していると思われる.[7]（24d）について,「主格関係」「目的格関係」の関係代名詞と複合関係代名詞では,「先行詞の種類・多様性」の上で生ずる頻度が異なり，それが(24d)に大きく関係していると思われる.[8]

4.4　結　び

  本章では，OE-PEの英語聖書四福音書マタイ伝を言語資料とする後位修飾語句の実証通時研究の結果（調査および考察）を記した.（最小限ではあるが）調査結果としては**表1, 2**を中心とする表とそれに関連する主な例文の提示であり，考察結果としては**(11) (19)** (24)の提示およびその説明である.調査結果の追加として，4.5「後位修飾語句」も参考とされたい.考察結果について，本研究全体に渡って最も重要な探究点，すなわち準動詞・節の変遷特徴および準動詞と節の変遷関係を再度以下に記す（次頁）.

  現代英語では，後位修飾語句として，本章で扱ったもの以外に,「形容詞」「形容詞句」などがあげられる.後位修飾語句は，互いに書き換え可能な同じものではなく,「それぞれのもつ意味・特徴」「文脈」「文体」「リズム」などに左右されながら使い分けされる，いわば別ものであろう.準動詞と節の間では,「時制」「法」「相」「格」の上で大きな違いがあるが，重なる部分もある.そのため，不定詞・分詞は関係代名詞節の一部分を省略したものとい

う説明がなされるのであろうが，これは正しいのであろうか．重なる部分を表す場合は，「文体」「リズム」の問題がなければ，（節の省略ではなく）単純な表現形である準動詞が選択され，重なる部分以外，すなわち大抵の場合は節が選択されるということではないか．実際の運用では，Biber, et al. (1999: 606)の図・Figure 8.13にあるように，準動詞と節の頻度の差は大きく，このことは，表1, 2より，通時的にも言えることである．また，(11g)(19e)では，準動詞と節の変遷関係が（ほぼ）ないことを確認した．以上より，不定詞・分詞は関係代名詞節の一部分を省略したものという説明や不定詞・分詞と関係代名詞節の関係づけは歴史的事実にもとづくものではなく，あくまで教育上の技術的な側面だけに留めておくべきことである．このことを英語教師は知っておくべきであろう．

「主格関係」

不定詞の変遷特徴：明示不可能

現在分詞の変遷特徴：OE→EMnEでの増加，EMnE以降での減少

過去分詞の変遷特徴：OE→EMnEでの増加，EMnE以降での小さな減少

関係代名詞の変遷特徴：OE→MEでの増加，ME以降での減少・激減，今後も関係代名詞の減少が続くと推測可能

複合関係代名詞の変遷特徴：OE→MEでの減少，ME以降での増加

準動詞と節の変遷関係：（ほぼ）なし

「目的格関係」

不定詞の変遷特徴：増加，今後も不定詞の増加が続く可能性有

関係代名詞の変遷特徴：ME以降での減少

複合関係代名詞の変遷特徴：OE→MEでの減少，ME以降での増加

不定詞と節の変遷関係：なし

注

1) 参考までに，校訂本間の差異がみられる例を以下に示す. a: Liuzza版, b: Bright版, c: PE（例文の理解を深めるため）とする. 例文に関するその他の注は本文(1)-(10)の場合と同じである. 本調査結果は，もちろんLiuzza版による.

(i) Mt 5.46（a：b＝無：関係代名詞）

    a. Gyf `ge´ soðlice þa lufiað. hwylce mede habbaþ ge

    b. Gyf ge soðlice þa lufiað [þe eow lufiað,] hwylce mede habbaþ ge?

    c. For if you love <u>those</u> *who* love you, what reward do you have?

(ii) Mt 10.22（a：b＝複合関係代名詞：関係代名詞）

    a. Soþlice *se* þurhwunaþ oð ende se byþ hal

    b. soðlice <u>se</u> [ðe] þurhwunaþ oð ende se byþ hal

    c. But <u>the one</u> *who* endures to the end will be saved

(iii) Mt 15.38（(ii)に同じ）

    a. Witodlice *þa* þær æton wæron feower þusend manna butan cildum and wifum

    b. Witodlice <u>þa</u> [þe] þær æton wæron feower þusend manna, butan cildum and wifum

    c. <u>Those</u> *who* had eaten were four thousand men, besides women and children

古英語聖書四福音書の校訂本の差異については，佐藤（2006: 第11章）を参照されたい.

2) 参考までに，本言語資料PEにおける制限・非制限用法の状況を表iに示す. 句読法が確立されている現代英語を扱う. すなわち，「制限用法＝コンマ無」「非制限用法＝コンマ有」の解釈である.

表i　PEの制限・非制限用法

	制　限	非制限	総　計
不定詞（主格）	2		2
不定詞（目的格）	8		8
現在分詞	9	2	11
過去分詞	22	4	26
関係代名詞（主格）	166	20	186
関係代名詞（目的格）	26	7	33

第4章　後位修飾語句の実証通時研究　　　59

　現代英語以外では制限・非制限用法の区別は非常に困難または不可能と思われるが，参考としてそれを示す記述例を次に挙げる.「制限節と記述節の区分は困難である」(小野・中尾 1980: 332),「ME ではある関係詞が限定的 (R) であるか同格的 (A) であるかよるべき基準がない」(中尾 1972: 193),「制限用法と非制限用法の区別は常に明確とは限らないが」(荒木・宇賀治 1984: 348) である.

3)　「a の語順に注意」について，OE の例文のため，(3a) のような現在分詞を (前位ではなく) 後位修飾語句に含める. この1例だけである.

4)　「a の語順に注意」について，OE の例文のため，(5a) のような過去分詞を (前位ではなく) 後位修飾語句に含める.
　　他に OE に3例 (Mt 11.7, 13.47, 13.52), ME に1例 (Mt 13.35) みられる. ME の例文を (iv) に示す. 例文に関する注は本文 (1)-(10) の場合と同じである.

　　(iv)　Mt 13.35 (b にて主格関係の過去分詞，語順に注意)
　　　　a.　ic bodige digelnesse fram middaneardes gesetednesse
　　　　b.　Y shal telle out *hid* thingis fro the makyng of the world
　　　　c.　I wil vtter things *which* haue bin kept secret from the foundation of the world
　　　　d.　I will proclaim *what* has been hidden from the foundation of the world

5)　「その背景にある言語事実」とは，前節の本文・最終段落にある「すべての例文」「すべての変遷パターン」「すべての同一内容文」のことである. 本文 (11d) の後半 (11f) (11g) (19a) の後半 (19d) (19e) は「すべての変遷パターン」より出る考察結果である.

6)　(21a) のような文を「S + V + O + 不定詞」とする立場もあろうが，本書では「S + V + O + 副詞的用法「目的」の不定詞」に分類する. 参考として，佐藤 (2006: 35) を参照されたい.

7)　参考として，本言語資料 PE における関係代名詞と複合関係代名詞の状況を表 ii, iii に示す. 表の「主語の性質」での「？」とは，主語が人か物か判別の難しい不明のものを表す. 自・他動詞について，take place のような語句を自動詞に，look at のような語句を他動詞に含める. そして，「S + Vt + 不定詞」構文での自・他動詞の判別は，不定詞の動詞で行う. 表 ii, iii より，「主格関係」の関係代名詞と複合関係代名詞の生ずる環境がより広いことがわかる.

表ii　PEの関係代名詞

	総　計	主語の性質	態	動詞の自・他
主　格	186	人：151	能：131	自：55
				他：76
			受：20	他：20
		物：28	能：24	自：15
				他：9
			受：4	他：4
		?：7	能：6	自：2
				他：4
			受：1	他：1
目的格	33	人：33	能：33	他：33

表iii　PEの複合関係代名詞

	総　計	主語の性質	態	動詞の自・他
主　格	72	人：33	能：33	自：14
				他：19
		物：35	能：19	自：16
				他：3
			受：16	他：16
		?：4	受：4	他：4
目的格	28	人：28	能：28	他：28

8)　参考として，本言語資料PEにおける関係代名詞と複合関係代名詞の状況を表iv, vに示す．表の「先行詞＝?」の「?」とは，先行詞が人か物か判別の難しい不明のものを表す．表ivの頻度[151]に「先行詞の種類・多様性」の豊富さが感じられる．

表iv　PEの主格関係

	総　計	先行詞＝人	先行詞＝物	先行詞＝?
関 係 代 名 詞	186	151	28	7
複合関係代名詞	72	33	35	4

表v PEの目的格関係

	総　計	先行詞＝人	先行詞＝物	先行詞＝？
関 係 代 名 詞	33	9	24	
複合関係代名詞	28		27	1

4.5　後位修飾語句

伝章節後の（　）内の表示について記す．beはbe動詞，haveは動詞have，pはpassive（形態上）を表す．manについては以下の例文を参考とされたい．例文に関する注は本文(1)-(10)の場合と同じである．

Mt 23.4（aは目的格関係の関係代名詞，bは主格関係の関係代名詞）

a.　Hig bindað hefige byrþyna *þe* man aberan ne mæg
b.　And thei bynden greuouse chargis, and *that* moun not be borun
c.　For they binde heauie burdens, and grieuous to be borne
d.　They tie up heavy burdens, hard to bear

表1　主格関係

不定詞　EMnE [2]: Mt 3.7, 12.32. PE [2]: Mt 3.7, 12.32.

現在分詞　OE [12]: Mt 4.24, 7.8, 8.16 (have), 8.28, 8.30, 9.2, 11.16, 12.48, 13.47, 27.32, 27.54, 27.61. ME [14]: Mt 8.30, 9.2, 9.23, 9.32 (have), 9.36 (have), 11.16, 21.43, 22.10, 22.11, 23.13, 23.24, 27.32, 27.41, 27.54. EMnE [19]: Mt 3.3, 7.29 (have), 8.9, 8.28, 8.30, 9.2, 9.23, 9.36 (have), 11.16, 13.45, 16.28, 20.30, 21.43, 25.14, 25.24, 26.7 (have), 27.41, 27.54, 27.61. PE [11]: Mt 3.3, 7.29 (have), 8.28, 9.2, 9.23, 10.20, 11.16, 16.28, 20.30, 25.14, 25.24.

過去分詞　OE [12]: Mt 4.24, 8.9, 11.7, 11.8, 13.44, 13.47, 13.52, 25.34, 26.47, 27.16, 27.34, 27.37. ME [19]: Mt 5.14, 8.9, 11.7, 11.8, 12.25a, 12.25b, 13.35, 13.44, 13.47, 22.11, 23.27, 25.34, 25.41, 26.47, 27.9, 27.15, 27.16, 27.34, 27.37. EMnE [29]: Mt 2.18, 2.23, 4.18, 8.28, 9.9, 9.32, 10.26a, 10.26b, 11.7, 11.8, 12.22, 12.25a, 12.25b, 13.44, 23.35, 24.15, 25.6, 25.34a, 25.34b, 25.41a, 25.41b, 26.14, 26.36, 27.16, 27.33, 27.34, 27.37, 27.38, 27.57. PE [26]: Mt 1.20, 2.23, 5.14, 9.9, 10.2, 11.7, 11.8, 11.11, 11.21, 11.23, 12.25a, 12.25b, 13.44, 15.37, 20.9, 22.8, 22.19, 23.35, 25.34, 25.41, 26.36, 27.16, 27.32, 27.33, 27.34, 27.57.

関係代名詞　OE [271]: Mt 1.3 (p), 1.6 (be), 1.16 (p), 1.23 (p), 2.2 (p), 2.6, 2.11 (be), 2.15 (p), 2.16 (be), 2.23 (p), 3.10, 3.11 (be), 4.4, 4.14 (p), 4.16, 4.18 (p), 4.24 (have), 5.4 (OE: 5.5), 5.6, 5.10, 5.12 (be), 5.14 (p), 5.15 (be), 5.16 (be), 5.19a, 5.19b, 5.21, 5.22a, 5.22b, 5.22c, 5.28, 5.32a, 5.32b, 5.39, 5.40, 5.42a, 5.42b, 5.44, 5.45a (be), 5.45b, 6.1 (be), 6.4, 6.5, 6.6, 6.9 (be), 6.18a (be), 6.18b, 6.23 (be), 6.30 (be) (p), 7.8a, 7.8b, 7.11a (be), 7.11b (be), 7.11c, 7.13a, 7.13b, 7.14a, 7.14b, 7.15, 7.19, 7.21a, 7.21b, 7.21c (be), 7.23, 7.24a, 7.24b, 7.26a, 7.26b, 8.10, 8.28 (have), 8.33 (have), 9.8, 9.20, 9.32 (be), 9.36 (have), 10.2 (p), 10.4, 10.6, 10.20, 10.26a (p), 10.26b (p), 10.28a, 10.28b, 10.32a, 10.32b (be), 10.33a, 10.33b (be), 10.37a, 10.37b, 10.38, 10.39a, 10.39b, 10.40a, 10.40b, 10.40c, 10.41a, 10.41b, 11.6, 11.8 (p), 11.10, 11.11 (be), 11.14, 11.15 (have), 11.21 (p), 11.23 (p), 11.25, 11.28 (p), 12.3 (be), 12.4 (be), 12.10 (have), 12.11 (have), 12.17 (p), 12.22 (be), 12.25a (p), 12.25b (p), 12.30a (be), 12.30b, 12.32, 12.50 (be), 13.9 (have), 13.12a (have), 13.12b (have), 13.19a, 13.19b (p), 13.20a (p), 13.20b, 13.22a (p), 13.22b, 13.23a (p), 13.23b, 13.24, 13.37, 13.39, 13.41, 13.44, 13.45, 13.52, 14.9, 14.33 (be), 15.4, 15.17, 15.18, 15.20, 15.24, 15.27, 16.17 (be), 16.23a (be), 16.23b (be), 16.25a, 16.25b, 16.28, 17.24 (OE: 17.23), 18.6a, 18.6b, 18.10, 18.12, 18.13, 18.14 (be), 18.19 (be), 18.23, 18.24, 18.28, 19.4, 19.9, 19.12a, 19.12b, 19.12c, 19.28, 19.29, 20.1, 20.9, 20.10, 20.12, 20.25 (be), 20.27 (be), 21.2 (be), 21.9a, 21.9b, 21.12a, 21.12b, 21.33, 21.41, 21.43, 21.44, 22.2, 22.8 (p), 22.11a, 22.11b (p), 22.21a (be), 22.21b (be), 22.23, 22.35 (be), 23.9 (be), 23.11 (be), 23.12a, 23.12b, 23.17, 23.18 (be), 23.19, 23.20a, 23.20b (be), 23.21a, 23.21b, 23.22a, 23.22b, 23.23a, 23.23b (be), 23.26 (be), 23.27, 23.29, 23.31, 23.35 (p), 23.37a, 23.37b (p), 23.39, 24.2 (p), 24.13, 24.15, 24.16 (be), 24.17 (be), 24.18 (be), 24.21 (be), 24.24 (p), 25.1, 25.10 (be), 25.16, 25.17, 25.18, 25.20, 25.22, 25.24, 25.28, 25.29a (have), 25.29b (have), 25.34 (p), 25.41a (be), 25.41b (p), 26.3 (p), 26.7 (have), 26.14 (p), 26.23, 26.25, 26.28 (p), 26.36 (p), 26.46, 26.48, 26.51 (be), 26.52, 26.54 (p), 26.68, 26.71 (be), 26.73, 27.3, 27.9 (p), 27.16 (p), 27.17 (p), 27.22 (p), 27.33 (p), 27.35 (p), 27.40, 27.44 (p), 27.47, 27.52, 27.54a (be), 27.54b, 27.55, 27.57 (be), 27.62 (be), 28.1, 28.5 (p), 28.11 (p). ME [321]: Mt 1.6 (be), 1.16 (p), 1.20 (p), 1.22 (p), 2.2 (p), 2.6, 2.7, 2.15 (p), 2.16 (be), 2.17 (p), 2.20, 2.23a (p), 2.23b (p), 3.7, 3.10, 3.11, 3.12 (p), 4.4a, 4.4b, 4.14 (p), 4.16, 4.18 (p), 4.24a (be), 4.24b (have), 5.4, 5.6, 5.8 (be), 5.10, 5.12 (be), 5.15 (be), 5.16 (be), 5.19a, 5.19b, 5.21, 5.22a (be),

第4章　後位修飾語句の実証通時研究　　　　63

5.22b, 5.22c, 5.28, 5.32a, 5.32b, 5.37 (be), 5.40, 5.42a, 5.42b, 5.44a, 5.44b, 5.45a
(be), 5.45b, 5.46, 6.1 (be), 6.4, 6.5, 6.6, 6.9 (be), 6.18a (be), 6.18b, 6.23 (be), 6.30
(be) (p), 7.8a, 7.8b, 7.8c, 7.11a (be), 7.11b, 7.13a, 7.13b, 7.14a, 7.14b, 7.15, 7.19,
7.21a, 7.21b, 7.21c (be), 7.23, 7.24a, 7.24b, 7.26a, 7.26b, 7.29 (have), 8.10, 8.16a
(have), 8.16b (be), 8.17 (p), 8.28 (have), 8.33 (have), 9.8, 9.12a, 9.12b (be), 9.20
(have), 10.2 (p), 10.4, 10.6, 10.20a, 10.20b, 10.22, 10.26a (p), 10.26b (p), 10.28a,
10.28b, 10.32a (ME: 10.31a), 10.32b (ME: 10.31b) (be), 10.33a, 10.33b (be),
10.36 (be), 10.37a, 10.37b, 10.38, 10.39a, 10.39b, 10.40a, 10.40b, 10.40c, 10.41a,
10.41b, 11.3, 11.6 (p), 11.8 (p), 11.10, 11.11 (be), 11.14, 11.15 (have), 11.16,
11.21 (p), 11.23 (p), 11.28 (p), 12.2 (be), 12.3 (be), 12.4 (be), 12.10 (have), 12.11
(have), 12.17 (p), 12.22 (have), 12.30a (be), 12.30b, 12.39, 12.48, 12.50 (be), 13.3,
13.9 (have), 13.12 (have), 13.16a, 13.16b, 13.19a, 13.19b (p), 13.19c (p), 13.20a
(p), 13.20b, 13.22a (p), 13.22b, 13.23a (p), 13.23b, 13.24, 13.35 (p), 13.37a,
13.37b, 13.39, 13.41, 13.43 (have), 13.44, 13.45, 13.47, 13.52, 14.9, 14.21, 14.33
(be), 14.35 (have), 15.4, 15.11a, 15.11b, 15.17, 15.18, 15.20, 15.24, 15.26, 15.27,
15.37 (p), 15.38, 16.17 (be), 16.23a (be), 16.23b (be), 16.25a, 16.25b, 16.28a,
16.28b, 17.5, 17.24 (ME: 17.23), 17.27 (ME: 17.26), 18.5, 18.6, 18.10 (be),
18.11, 18.12, 18.13, 18.14 (be), 18.19 (be), 18.23, 18.24, 18.28, 18.31a (p), 18.31b
(p), 19.4a, 19.4b, 19.9, 19.12a (p), 19.12b (p), 19.12c, 19.12d, 19.17, 19.28,
19.29, 20.1, 20.4 (be), 20.9, 20.12, 20.14 (be), 20.25 (be), 21.2 (be), 21.4 (p),
21.9a, 21.9b, 21.12a, 21.12b, 21.23, 21.33, 21.41, 21.44, 22.2, 22.3 (p), 22.4 (p),
22.8 (p), 22.21a (be), 22.21b (be), 22.23, 22.31, 23.4 (p), 23.9 (be), 23.11 (be),
23.12a, 23.12b, 23.14, 23.15, 23.16a, 23.16b, 23.17, 23.18a, 23.18b (be), 23.19,
23.20a, 23.20b (be), 23.21a, 23.21b, 23.22a, 23.22b, 23.23a, 23.23b (be), 23.25,
23.26 (be), 23.27a (be), 23.27b, 23.29, 23.31, 23.35 (p), 23.37a, 23.37b (p), 23.39,
24.2 (p), 24.13, 24.15a (p), 24.15b, 24.16 (be), 24.17 (be), 24.18 (be), 24.19 (be),
25.1, 25.9, 25.10 (be), 25.14, 25.16 (have), 25.17, 25.18, 25.20, 25.22, 25.24,
25.25 (be), 25.27 (be), 25.28 (have), 25.29a (have), 25.29b (have), 25.34 (be),
25.41a (be), 25.41b (p), 26.3 (p), 26.7 (have), 26.14 (p), 26.23, 26.25, 26.28 (p),
26.36 (p), 26.46, 26.48, 26.51 (be), 26.52, 26.68, 26.71 (be), 26.73, 27.3, 27.9 (p),
27.16 (p), 27.17 (p), 27.22 (p), 27.33 (p), 27.39, 27.40, 27.44 (p), 27.47, 27.52,
27.54a (be), 27.54b (p), 27.55, 28.1, 28.5 (p), 28.11 (p). EMnE [282]: Mt 1.6 (be),
1.16 (p), 1.20 (p), 1.22 (p), 1.23 (be), 2.2 (p), 2.6, 2.15 (p), 2.16 (be), 2.17 (p),

2.20, 2.23 (p), 3.10, 3.11, 4.4, 4.13 (be), 4.14 (p), 4.16a, 4.16b, 4.24a (p), 4.24b (p), 4.24c (be), 4.24d (have), 5.4, 5.6, 5.10 (p), 5.12 (be), 5.14 (p), 5.15 (be), 5.16 (be), 5.32 (p), 5.42a, 5.42b, 5.44a, 5.44b, 5.44c, 5.45 (be), 5.46, 5.48 (be), 6.1 (be), 6.4, 6.6a (be), 6.6b, 6.9 (be), 6.18a (be), 6.18b, 6.23 (be), 6.30 (be) (p), 7.3a (be), 7.3b (be), 7.6 (be), 7.8a, 7.8b, 7.8c, 7.11a (be), 7.11b, 7.13a, 7.13b, 7.14a, 7.14b, 7.15, 7.19, 7.21a, 7.21b, 7.21c (be), 7.23, 7.24, 7.26a, 7.26b, 8.10, 8.16a (p), 8.16b (be), 8.17 (p), 8.33, 9.8, 9.12a (be), 9.12b (be), 9.16 (p), 9.20 (p), 10.2 (p), 10.4, 10.20a, 10.20b, 10.22, 10.26a (p), 10.26b (p), 10.28a, 10.28b, 10.32 (be), 10.33 (be), 10.37a, 10.37b, 10.38, 10.39a, 10.39b, 10.40a, 10.40b, 10.40c, 10.41a, 10.41b, 11.3, 11.6 (p), 11.8, 11.10, 11.11a (p), 11.11b (be), 11.14, 11.15 (have), 11.21 (p), 11.23a (p), 11.23b (p), 11.28 (be), 12.2 (be), 12.3 (be), 12.4a (be), 12.4b (be), 12.10 (have: have + O + p.p.), 12.11 (have), 12.17 (p), 12.30a (be), 12.30b, 12.48, 12.50 (be), 13.14, 13.19a (p), 13.19b, 13.20a, 13.20b, 13.22a, 13.22b, 13.23a, 13.23b, 13.24, 13.35a (p), 13.35b (p), 13.37, 13.39, 13.41a, 13.41b, 13.46, 13.47 (p), 13.52a (p), 13.52b (be), 13.52c, 14.9, 14.20, 14.21, 14.33 (be), 14.35 (p), 15.1 (be), 15.4, 15.11a, 15.11b, 15.18, 15.20, 15.27, 15.30 (be), 15.37 (p), 15.38, 16.17 (be), 16.23a (be), 16.23b (be), 16.28, 17.5, 17.24, 17.27, 18.6, 18.10 (be), 18.11 (p), 18.12, 18.13, 18.14 (be), 18.19 (be), 18.23, 18.24, 18.28, 18.31 (p), 18.34 (be), 19.4, 19.9 (p), 19.12a (p), 19.12b (p), 19.12c, 19.12d, 19.28, 19.29, 19.30 (be), 20.1a (be), 20.1b, 20.9 (p), 20.12, 20.25 (be), 21.4 (p), 21.9a, 21.9b, 21.12a, 21.12b, 21.21 (p), 21.33, 21.41, 22.2, 22.3 (p), 22.4 (p), 22.8 (p), 22.11 (have), 22.21a (be), 22.21b (be), 22.23, 22.31 (p), 22.35 (be), 23.9 (be), 23.11 (be), 23.12, 23.13, 23.16, 23.17, 23.18 (be), 23.19, 23.21, 23.22a, 23.22b, 23.24, 23.26 (be), 23.27, 23.31, 23.37a, 23.37b (p), 23.39, 24.2 (p), 24.13, 24.16 (be), 24.17 (be), 24.18 (be), 24.19a (be), 24.19b, 24.21 (be), 24.38 (be), 25.1, 25.3 (be), 25.9, 25.10 (be), 25.14, 25.16, 25.17, 25.18, 25.20, 25.22, 25.24, 25.28 (have), 25.29a (have), 25.29b (have), 26.3 (p), 26.23, 26.25, 26.28 (p), 26.46, 26.48, 26.51 (be), 26.52, 26.57, 26.68, 26.71 (be), 26.73, 26.75, 27.3, 27.9a (p), 27.9b (p), 27.17 (p), 27.22 (p), 27.35 (p), 27.39, 27.40, 27.44 (p), 27.47, 27.52, 27.54a (be), 27.54b (p), 27.55, 27.57 (be), 27.62, 28.5 (p), 28.11 (p). PE [186]: Mt 1.16 (p), 1.23, 2.2 (p), 2.6, 2.16 (be), 2.20, 3.10, 3.11 (be), 4.4, 4.16a, 4.16b, 4.18 (p), 4.24 (p), 5.4, 5.6, 5.10 (p), 5.12 (be), 5.28, 5.32, 5.42a, 5.42b, 5.44, 5.46, 6.4, 6.6a (be), 6.6b, 6.18a (be), 6,18b, 6.30 (be) (p), 6.32, 7.8a, 7.8b, 7.8c, 7.9, 7.11a

第 4 章　後位修飾語句の実証通時研究　　　　　65

(be), 7.11b, 7.13a, 7.13b, 7.14a, 7.14b, 7.15 (be), 7.19, 7.21a, 7.21b, 7.24a, 7.24b, 7.26a, 7.26b, 8.2, 8.10, 8.16a (p), 8.16b (be), 9.8, 9.12a (be), 9.12b (be), 9.20, 9.32 (be), 9.33 (be), 10.4, 10.20, 10.22, 10.26a (p), 10.26b, 10.28a, 10.28b, 10.32, 10.39a, 10.39b, 10.40, 11.3, 11.6, 11.8, 11.10, 11.14, 11.28 (be), 12.22a (be), 12.22b (be), 12.48, 13.12a (have), 13.12b (have), 13.14, 13.20, 13.22, 13.23, 13.24, 13.37, 13.39, 13.47 (p), 13.52a (p), 13.52b, 14.11, 14.21, 14.35 (be), 14.36, 15.11a, 15.11b, 15.27, 15.38, 16.25a, 16.25b, 16.28, 17.27, 18.6, 18.12, 18.13, 18.23, 18.24, 18.28, 18.31, 19.4, 19.12a (be), 19.12b (p), 19.12c, 19.12d, 19.13, 19.17 (be), 19.24 (be), 19.28, 19.29, 19.30 (be), 20.1, 20.12, 21.9a, 21.9b, 21.12a, 21.12b, 21.33, 21.41, 21.43, 21.44, 22.2, 22.3 (p), 22.4 (p), 22.11, 22.21a (be), 22.21b (be), 23.12a, 23.12b, 23.16, 23.17, 23.18 (be), 23.19, 23.21, 23.22 (p), 23.27, 23.31, 23.37a, 23.37b (be), 23.39, 24.13, 24.15 (p), 24.19a (be), 24.19b, 24.21 (be), 25.10 (be), 25.16, 25.17 (have), 25.18, 25.20, 25.24, 25.29a (have), 25.29b (have), 25.34 (p), 25.40 (be), 25.41 (p), 26.3 (p), 26.14 (p), 26.23, 26.25, 26.28 (p), 26.52, 26.54, 26.57, 26.68, 27.17 (p), 27.22 (p), 27.33, 27.37, 27.39, 27.40, 27.44 (p), 27.52, 27.54, 27.57 (be), 28.5 (p), 28.11.

複合関係代名詞　　OE [39]: Mt 1.20 (p), 1.22 (p), 2.17 (p), 2.20, 2.23 (p), 5.31, 5.41, 8.17 (p), 10.20, 10.22, 10.42, 11.3, 12.32, 12.50, 13.19 (p), 14.36, 15.5, 15.11a, 15.11b, 15.37 (be), 15.38, 18.4, 18.5, 18.11, 19.9, 20.4 (be), 20.14 (be), 20.26 (be), 21.4 (p), 22.31 (p), 23.16a, 23.16b, 23.18a, 23.18b, 23.25 (be), 23.26 (be), 25.25 (be), 25.27 (be), 27.9 (p). ME [17]: Mt 5.31, 5.41, 10.42, 12.32a, 12.32b, 12.50, 14.36, 15.5, 18.4, 18.6, 19.9, 20.26 (p), 20.27 (be), 22.31 (p), 23.16, 23.18, 27.35 (p). EMnE [51]: Mt 5.19a, 5.19b, 5.21, 5.22a (be), 5.22b, 5.22c, 5.28, 5.31, 5.32a, 5.32b, 5.37 (be), 5.39, 5.41, 7.24, 8.33, 10.32, 10.33, 10.42, 12.32a, 12.32b, 12.50, 13.9 (have), 13.12a (have), 13.12b (have), 13.43 (have), 14.36, 15.5, 15.17, 16.25a, 16.25b, 18.4, 18.5, 18.6, 18.31 (p), 19.9a, 19.9b, 20.4 (be), 20.7 (be), 20.14 (be), 20.26 (be), 20.27 (be), 21.44, 23.12, 23.16a, 23.16b, 23.18a, 23.18b, 23.20, 23.21, 24.15, 25.25 (be). PE [72]: Mt 1.22 (p), 2.15 (p), 2.17 (p), 2.23 (p), 4.14 (p), 5.19a, 5.19b, 5.21, 5.31, 5.32, 7.6 (be), 8.17 (p), 8.33, 10.33, 10.37a, 10.37b, 10.38, 10.40a, 10.40b, 10.41a, 10.41b, 10.42, 12.2 (be), 12.17 (p), 12.30a (be), 12.30b, 12.32a, 12.32b, 12.50, 13.19a (p), 13.19b (p), 13.20 (p), 13.22 (p), 13.23 (p), 13.35a (p), 13.35b (p), 13.52 (be), 14.20 (p), 15.4, 15.5, 15.11a, 15.11b, 15.17, 15.18a, 15.18b, 15.20, 16.27 (p), 18.4, 18.5, 18.31,

19.9, 19.17 (be), 20.4 (be), 20.14, 20.15, 20.26, 20.27, 21.4 (p), 21.21 (p), 22.31 (p), 23.16a, 23.16b, 23.18a, 23.18b, 23.20, 23.21, 23.22, 24.17 (be), 25.25 (be), 25.27 (be), 27.9 (p), 27.54.

表2　目的格関係

不定詞　ME [3]: Mt 14.16, 15.32, 20.23. EMnE [4]: Mt 8.29,15.32, 20.23, 27.19. PE [8]: Mt 8.29,14.16, 15.32, 20.23, 25.35, 25.37, 25.42, 27.19.

関係代名詞　OE [44]: Mt 2.9, 2.16, 7.2a, 7.2b, 7.12, 8.4, 11.4, 12.4, 12.18, 12.36, 13.12 (have), 13.17a, 13.17b, 13.31, 13.33, 13.44a, 13.44b (have: agan), 13.46 (have: agan), 14.2, 15.13, 18.19, 18.25 (have: agan), 19.6, 19.21 (have: agan), 20.22, 21.15, 21.22, 21.42, 22.10, 23.4 (man), 23.35, 24.15, 24.22, 24.44, 24.45, 24.46, 24.47 (have: agan), 24.50a, 24.50b, 26.62, 26.75, 27.15, 27.60, 28.20. ME [43]: Mt 2.9, 2.16, 7.2a, 7.2b, 8.4, 10.27a, 10.27b, 11.4, 12.18, 12.36, 13.12 (have), 13.17a, 13.17b, 13.31, 13.33, 13.44a, 13.44b (have), 13.46 (have), 13.48, 15.13, 18.19, 18.25 (have), 18.28, 19.6, 19.21 (have), 20.15, 20.22, 21.15, 21.22, 21.24, 21.42, 22.10, 23.35, 24.45, 24.46, 24.50a, 24.50b, 25.29 (have), 26.62, 26.75, 27.9, 27.15, 27.60. EMnE [38]: Mt 2.9, 2.16, 7.2a, 7.2b, 7.12, 8.4, 11.4, 12.18, 12.36, 13.17a, 13.17b, 13.31, 13.33, 13.44a, 13.44b (have), 13.46 (have), 13.48, 15.13, 16.8, 18.19, 18.25 (have), 21.15, 21.22, 21.24, 21.42, 22.10, 23.3, 23.35, 24.44, 24.45, 24.46, 25.29 (have), 26.13, 26.62, 27.9, 27.15, 27.60, 28.20. PE [33]: Mt 2.9, 2.16, 5.33, 7.2a, 7.2b, 7.2c, 8.4, 12.4, 12.18, 12.36, 13.31, 13.33, 13.44a, 13.44b (have), 13.46 (have), 15.13, 18.2, 18.19, 20.14, 20.22, 21.15, 21.42, 22.9, 22.10, 23.35, 24.45, 24.46, 24.50, 26.48, 26.62, 27.15, 27.60, 28.20.

複合関係代名詞　OE [18]: Mt 6.3, 10.19, 10.27a, 10.27b, 12.2, 14.7, 15.32, 16.19a, 16.19b, 17.12, 18.18a, 18.18b, 18.28, 20.15, 22.9, 23.3, 25.29 (have), 26.48. ME [6]: Mt 6.3, 10.19, 16.19a, 16.19b, 22.9, 26.48. EMnE [17]: Mt 6.3, 10.19, 10.27a, 10.27b, 13.12 (have), 14.7, 16.19a, 16.19b, 17.12, 18.18a, 18.18b, 18.28, 19.6, 19.21 (have), 20.15, 22.9, 26.48. PE [28]: Mt 6.3, 10.19, 10.27a, 10.27b, 11.2, 11.4, 12.25, 13.12 (have), 13.17a, 13.17b, 14.7, 15.12, 16.19a, 16.19b, 17.12, 18.18a, 18.18b, 18.28, 19.6, 20.15, 21.22, 23.3a, 23.3b, 25.29 (have), 26.13, 26.50, 26.75, 27.63.

第5章
分詞構文・副詞節の実証通時研究

5.1　序

　本章では，OE-PEの英語聖書四福音書マタイ伝を言語資料とする分詞構文・副詞節の実証通時研究の結果を記す．本研究の内容は次の2点である．①OE-PEの英語聖書四福音書マタイ伝を言語資料とする分詞構文・副詞節の通時調査の結果を示すこと，②調査結果にもとづく分詞構文・副詞節の通時考察の結果を示すことである．考察とは，分詞構文・副詞節の変遷特徴，分詞構文と副詞節の変遷関係などを示すことである．英語学習者への分詞構文の説明に，副詞節から分詞構文への書き換えや両構文の関係づけをする英語教師にとっては，本考察結果はなお一層興味深いものとなろう．

　次節以降の構成は次の通りである．5.2「調査結果」，5.3「考察結果」，5.4「結び」とする．なお，5.5「分詞構文・副詞節」として，5.2「調査結果」で提示される表2のすべての分詞構文・副詞節（伝章節）を提示する．

5.2　調査結果

　本節では，「対象とする分詞構文・副詞節」を示し，2つの表とそれに関連する主な例文を提示することにより，OE-PEの英語聖書四福音書マタイ伝を言語資料とする分詞構文・副詞節の通時調査の結果を示す．まずは，「対象とする分詞構文」と「対象とする副詞節」を示す．(1)(2)を参照されたい．なお，**本書では，分詞構文・副詞節とあれば，それは原則(1)(2)の分詞構文・副詞節を表す．**

(1)　**対象とする分詞構文**
　　a.　文頭（＝主節前）
　　b.　aの分詞構文は，「**時（の流れ）**」を表すものと判明

c. aの分詞構文と主節の時制関係は，「過去と過去」「現在と現在」
　　　「現在と命令文」と判明
(2)　対象とする副詞節
　　a. 文頭（＝主節前）
　　b. 「時（の流れ）」を表す．従属接続詞については表1を参照[1]
　　c. 副詞節と主節の時制関係：「過去と過去」「現在と現在」「現在と
　　　命令文」[2]

表1　従属接続詞

OE	ME	EMnE	PE
æfter ðam ðe, mid ðy ðe, ða, ða . . . ða, ða ða, ða ða . . . ða, ðonne	after that, as, whanne, (the) while (that)	after (that), as, when (as), while	after, as, as soon as, though, when, whenever, while

　次に，(1)(2)を考慮に入れた調査結果に関する表の提示そしてその説明を
行う．次頁の表2を参照し，その後以下の段落を読まれたい．
　表2について説明する．(a)-(k)について，(a)-(g)は分詞構文，(h)-(k)は副
詞節である．「分詞構文の主語＝主節の主語」「分詞構文の主語≠主節の主語」
の違いにより，「(a)-(d)」「(e)-(g)」(±X)と分類している．「完了」「受身」は意
味を表す．(f)は，現代英語では原則みられない．「副詞節の主語＝主節の主
語」「副詞節の主語≠主節の主語」の違いにより，「(h)(i)」「(j)(k)」と分類し
ている．「S2」は「副詞節の主語」，「S1」は「主節の主語」を表す．「A」は「能
動態」，「P」は「受動態」を表す．MEに分詞構文がみられないが，分詞構文
が全くないのではなく，文頭（＝主節前）の分詞構文がみられない（＝文中・
末の分詞構文はみられる）ということである．なお，表のスペースの都合上，
分詞構文・副詞節のより詳細な統語・意味・形態論上の情報（be動詞）を示
していない．5.5「分詞構文・副詞節」を参照されたい．

第5章　分詞構文・副詞節の実証通時研究　　　　69

表2　分詞構文・副詞節

タイプ	OE	ME	EMnE	PE
(a) *-ing* (b) *being* p.p. (c) *having* been p.p. (d) *p.p.*	2 1		4 2	9 1
(e) X + *-ing* (f) X + *p.p.*（完了） (g) X + *p.p.*（受動）	2 3 4			
小　計	12		6	10
(h) S2=S1, A (i) S2=S1, P	86 2	53 3	98 4	92 2
(j) S2≠S1, A (k) S2≠S1, P	50 5	50 18	55 10	63 6
小　計	143	124	167	163
総　計	155	124	173	173

　最後に，分詞構文・副詞節の各タイプ・時代の例文を (3)-(20) に示す．(e)-(g) について，(e)-(g) は OE だけにみられる．「X の品詞」「X と分詞の語順関係」の把握のため，全9例を提示する．例文では，a: OE, b: ME, c: EMnE, d: PE とする．例文中の斜字体・下線は著者による．斜字体で分詞構文・副詞節，下線で主節主語とは異なる分詞構文・副詞節主語を明確化する．

(3) Mt 2.11

   a. and *gangende* into þam huse hi gemetton þæt cild mid marian hys meder (a)

   b. And thei entriden in to the hous, and founden the child with Marie, his modir

   c. And *when* they were come into the house, they saw the yong child with Mary his mother (h)

   d. On entering the house, they saw the child with Mary his mother

(4) Mt 5.1
   a. Soðlice þa se hælend geseh þa menigu. he astah on þone munt (h)
   b. And Jhesus, seynge the puple, wente vp in to an hil
   c. And *seeing* the multitudes, he went vp into a mountaine (a)
   d. *When* Jesus saw the crowds, he went up the mountain (h)
(5) Mt 26.39
   a. and þa he wæs lythwon þanon agan. he afeoll on hys ansyne and hyne gebæd and þus cwæð (h)
   b. And he ȝede forth a litil, and felde doun on his face, preiynge, and seiynge
   c. And he went a little further, and fell on his face, and prayed, saying
   d. And *going* a little farther, he threw himself on the ground and prayed (a)
(6) Mt 2.12
   a. And hi afengon andsware on swefnum. þæt hi eft to herode ne hwyrfdon. ac hi on oðerne weg on hyra rice ferdon
   b. And *whanne* thei hadden take an aunswere in sleep, that thei schulden not turne aȝen to Eroude, thei turneden aȝen bi anothir weie in to her cuntrey (h)
   c. And *being* warned of God in a dreame, that they should not returne to Herode, they departed into their owne countrey another way (b)
   d. And *having* been warned in a dream not to return to Herod, they left for their own country by another road (c)
(7) Mt 2.22
   a. and on swefnum *gemynegod* he ferde on galileisce dælas (d)
   b. And he was warned in sleep, and wente in to the parties of Galilee
   c. notwithstanding, *beeing* warned of God in a dreame, he turned aside into the parts of Galilee (b)
   d. And after being warned in a dream, he went away to the district of Galilee
(8) Mt 1.20
   a. Him þa soðlice ðas þing *ðencendum*. drihtnes engel on swefnum ætywde and him to cwæð (e)

第 5 章　分詞構文・副詞節の実証通時研究　　　71

b. But *while* he thouȝte thes thingis, lo! the aungel of the Lord apperide in sleep to hym, and seide (j)

c. But *while* hee thought on these things, behold, the Angel of the Lord appeared vnto him in a dreame, saying (j)

d. But just *when* he had resolved to do this, an angel of the Lord appeared to him in a dream and said (j)

(9)　Mt 17.5

a. Him þa gyt *sprecendum* and soþlice þa beorht wolcn hig oferscean (e)

b. *the while* he spak, lo! a briȝt cloude ouerschadewide hem (j)

c. *While* he yet spake, behold, a bright cloud ouershadowed them (j)

d. *While* he was still speaking, suddenly a bright cloud overshadowed them (j)

(10)　Mt 13.6

a. Soþlice up *sprungenre* sunnan hig adruwudon and forscruncon (f)

b. But *whanne* the sonne was risun, thei swaliden (j)

c. And *when* the Sunne was vp, they were scorched (j)

d. But *when* the sun rose, they were scorched (j)

(11)　Mt 13.21

a. *Gewordenre* gedrefednesse and ehtnesse for þam wurde hrædlice hig beoð geuntreowsode (f)

b. For *whanne* tribulacioun and persecucioun is maad for the word, anoon he is sclaundrid (k)

c. for *when* tribulation or persecution ariseth because of the worde, by and by hee is offended (j)

d. and *when* trouble or persecution arises on account of the word, that person immediately falls away (j)

(12)　Mt 20.2

a. *Gewordenre* gecwydrædene þam wyrhtum he sealde ælcon ænne penig wiþ hys dæges worce. he asende hig on hys wingeard (f)

b. And *whanne* the couenaunt was maad with werk men, of a peny for the dai, he sente hem in to his vyneȝerd (k)

c. And *when* hee had agreed with the labourers for a peny a day, he sent them into his vineyard (h)

d. After agreeing with the laborers for the usual daily wage, he sent them into his vineyard

(13) Mt 6.6

a. and þinre dura *belocenre*. bide þinne fæder on dihlum (g)

b. and *whanne* the dore is schet, preye thi fadir in hidils (k)

c. and *when* thou hast shut thy doore, pray to thy father which is in secret (h)

d. and shut the door and pray to your Father who is in secret

(14) Mt 9.33

a. and ut *adryfenum* þam deofle se dumba spræc (g)

b. And *whanne* the deuel was cast out, the doumb man spak (k)

c. And *when* the deuil was cast out, the dumbe spake (k)

d. And *when* the demon had been cast out, the one who had been mute spoke (k)

(15) Mt 10.1

a. And tosomne *gecigydum* | hys twelf leorningcnihtun. he sealde him unclænra gasta anweald (g)

b. And *whanne* his twelue disciplis weren clepid togidere, he ʒaf to hem powere of vnclene spiritis (k)

c. And *when* hee had called vnto him his twelue disciples, he gaue them power against vncleane spirits (h)

d. Then Jesus summoned his twelve disciples and gave them authority over unclean spirits

(16) Mt 16.4

a. and him *forlætenum* he ferde (g)

b. And *whanne* he hadde left hem, he wente forth (h)

c. And hee left them, and departed

d. Then he left them and went away

(17) Mt 14.5

a. and *þa* he hyne ofslean wolde he adred him þæt folc (h)

b. And he willynge to sle hym, dredde the puple

第5章　分詞構文・副詞節の実証通時研究　　　73

    c. And *when* he would haue put him to death, hee feared the multitude (h)

    d. *Though* Herod wanted to put him to death, he feared the crowd (h)

(18) Mt 1.18

    a. *Đa* þæs hælendes modor maria wæs iosepe beweddod. ær hi tosomne becomun heo wæs gemet on innoðe hæbbende. of þam halegan gaste (i)

    b. *Whanne* Marie, the modir of Jhesu, was spousid to Joseph, bifore thei camen togidere, she was foundun hauynge of the Hooli Goost in the wombe (i)

    c. *When as* his mother Mary was espoused to Ioseph (before they came together) shee was found with childe of the holy Ghost (i)

    d. *When* his mother Mary had been engaged to Joseph, but before they lived together, she was found to be with child from the Holy Spirit[3] (i)

(19) Mt 27.12

    a. And *mid þy ðe* hyne wregdon <u>þæra sacerda ealdras and þa hlafordas.</u> nan þing he ne andswarode (j)

    b. And *whanne* he was accusid of the princis of prestis, and of the eldere men of the puple, he answeride no thing (i)

    c. And *when* hee was accused of the chiefe Priests and Elders, he answered nothing (i)

    d. But *when* he was accused by the chief priests and elders, he did not answer (i)

(20) Mt 22.41

    a. *Þa* þa <u>pharisciscean</u> gegaderude wærun. þa cwæð se hælynd (k)

    b. And *whanne* <u>the Farisees</u> weren gederid togidere, Jhesus axide hem (k)

    c. *While* <u>the Pharises</u> were gathered together, Iesus asked them (k)

    d. Now *while* <u>the Pharisees</u> were gathered together, Jesus asked them this question (k)

表1, 2とその関連例文は最小限の調査結果である．その他の調査結果とし

ては,「すべての例文」「すべての変遷パターン」「すべての同一内容文」がある.「すべての変遷パターン」「すべての同一内容文」は,第2章・表の⑪a, bより導き出せる資料である.「すべての例文」「すべての変遷パターン」「すべての同一内容文」の提示は物理的に不可能であるため未提示とするが,それらは考察に際しての重要な調査結果(分析対象資料)である.なお,本節の追加として,5.5「分詞構文・副詞節」も参考とされたい.

5.3 考察結果

本節では,調査結果にもとづく分詞構文・副詞節の通時考察の結果を示す.調査結果とは,表1, 2およびその背景にある言語事実を意味する.[4] 考察とは,分詞構文・副詞節の変遷特徴,分詞構文と副詞節の変遷関係などを示すことである.調査結果として前節では表1, 2を提示したが,考察にはこの表だけでは不充分なため,表3「分詞構文と副詞節の比較」を提示する.これは,分詞構文と副詞節の比較のために表2を再編成したものである.(a)と(h)の比較,(b)-(d)と(i)の比較,(e)(f)と(j)の比較,(g)と(k)の比較である.次頁の表3を参照し,その後以下の段落を読まれたい.

考察結果を示す.提示されている調査結果を随時参照しながら,(21)とその後の説明を読まれたい.

(21) **考察結果**((1)(2)を前提に)
 a. 時代により違いがあるが,分詞構文・副詞節以外では,「等位接続詞」「文中・末の分詞構文・副詞節」「前置詞 + -ing」「その他の副詞句」「他」がみられる(「等位接続詞は高頻度」).
 b. 分詞構文(e)-(g)はOEだけにみられる.分詞構文(e)-(g)を分詞構文と分析すべきではないのかもしれない.
 c. MEに分詞構文がみられない点と上記bのOE分詞構文の特殊性より,分詞構文の発達はEMnE以降なのかもしれない.
 d. 分詞構文の変遷特徴について,上記b, cの不透明性と分詞構文の低い頻度より,明示はできない.
 e. 副詞節の変遷特徴について,一部に頻度の揺れがみられるだけで,総じて特記すべき点はないと判断する.

第5章　分詞構文・副詞節の実証通時研究　　　　　　75

f. 分詞構文と副詞節の変遷関係について，頻度の分析より，変遷関係はないと判断できる．

表3　分詞構文と副詞節の比較

タイプ	OE	ME	EMnE	PE
(a) -*ing*	2		4	9
(h) S2=S1, A	86	53	98	92
小　計	88	53	102	101
(b) *being* p.p. (c) *having* been p.p. (d) *p.p.*			2	
				1
	1			
(i) S2=S1, P	2	3	4	2
小　計	3	3	6	3
(e) X + -*ing* (f) X + *p.p.*（完了）	2 3			
(j) S2≠S1, A	50	50	55	63
小　計	55	50	55	63
(g) X + *p.p.*（受動）	4			
(k) S2≠S1, P	5	18	10	6
小　計	9	18	10	6
総　計	155	124	173	173

　(21a)は，注4)にもあるように，「すべての変遷パターン」より出る考察結果である．(21b)について，例えば，(7a)（分詞構文(d)）を含め「(代) 名詞を修飾する形容詞的用法の分詞」と分析すべきなのかもしれない．ラテン語の影響の可能性を考える必要があるのかもしれない．判断の難しいところである．(21c)について，例えば，文中・末の分詞構文から文頭の分詞構文へと発達したのかもしれないが，本言語資料ではその確認は不可能である．(21f)について，「準動詞：節」の通時的な頻度の点で，第3, 6, 8, 10章とは明らかな違いがみられる．一方，前章とは類似性がみられる．

5.4　結　び

　本章では，OE-PEの英語聖書四福音書マタイ伝を言語資料とする分詞構文・副詞節の実証通時研究の結果（調査および考察）を記した．（最小限ではあるが）調査結果としては(1)(2)および**表1-3**とそれに関連する主な例文の提示であり，考察結果としては**(21)**の提示およびその説明である．調査結果の追加として，5.5「分詞構文・副詞節」も参考とされたい．考察結果について，本研究全体に渡って最も重要な探究点，すなわち準動詞・節の変遷特徴および準動詞と節の変遷関係を再度以下に記す．

分詞構文の変遷特徴：明示不可能
副詞節の変遷特徴：特記すべき点はない
分詞構文と副詞節の変遷関係：なし

　この段落での分詞構文・副詞節とは，(1)(2)の分詞構文・副詞節ではなく，一般的な広い意味での分詞構文・副詞節を表す．現代英語では，副詞的なものとして，「副詞」「副詞句」「不定詞の副詞的用法」「分詞構文」「副詞節」が挙げられる．これらは，互いに書き換え可能な同じものではなく，「それぞれのもつ意味・特徴」「文脈」「文中の位置」「文体」「リズム」などに左右されながら使い分けされる，いわば別ものであろう．分詞構文は，基本型だけでなく異型（＝現在完了形の分詞構文，独立分詞構文，懸垂分詞構文など）を含めれば，理論的には副詞節と同じとみなされがちなのであろうが，これは正しいのであろうか．実際の運用では，Biber, et al. (1999: §10 Adverbials)の図にあるように，両構文の頻度の差は大きく，[5] このことは，表2より，通時的にも言えることである．また，(21f)では，分詞構文と副詞節の変遷関係がないことを確認した．以上より，副詞節から分詞構文への書き換えや両構文の関係づけは歴史的事実にもとづくものではなく，あくまで教育上の技術的な側面だけに留めておくべきことである．このことを英語教師は知っておくべきであろう．冷静にみれば，分詞構文は，その理解を文脈に大きく依存する構文であり，従属接続詞をもつ副詞節と比べれば難解な構文であることに気づく．相当の理由がない限り，副詞節で表現できるところにわざわざ分詞構文を使おうとは，著者は思わない．

第5章　分詞構文・副詞節の実証通時研究　　　　　　　77

注

1) 表1・PEのthoughがこの中に含まれる理由を記す．等位接続詞andは「時（の流れ）」を表す→thoughは等位接続詞butに言換え可能→thoughは「時（の流れ）」を表すと言える．

2) 参考までに，「分詞構文・副詞節と主節の時制関係」を表iに示す．表の頻度は，OE-PEのどこかしらの時代に分詞構文または副詞節がみられる文の頻度である．「分詞構文と主節」「副詞節と主節」共に「過去と過去」の頻度が相当に高い．

表i　分詞構文・副詞節と主節の時制関係

	分詞構文と主節	副詞節と主節
過去と過去	22	187
現在と現在	2	12
現在と命令文	1	16
総　計	25	215

3) 現代英語の辞典ではPEのengagedを形容詞と分類しているかもしれない．本例でこれを過去分詞と分類する理由は，engagedを通時的に形容詞と認めるには無理を感ずるためである．

4) 「その背景にある言語事実」とは，前節の本文・最終段落にある「すべての例文」「すべての変遷パターン」「すべての同一内容文」のことである．本文(21a)は「すべての変遷パターン」より出る考察結果である．

5) 図の例として，p. 769: Figure 10.2, p. 787: Figure 10.6, p. 826: Figure 10.20が挙げられる．

5.5　分詞構文・副詞節

伝章節後の（　）内の表示について記す．beはbe動詞を表す．

表2　分詞構文と副詞節

(a) *-ing* OE [2]: Mt 2.11, 12.44. EMnE [4]: 4.21, 5.1, 14.19, 14.30. PE [9]: 2.4, 2.11, 9.22, 14.19, 14.30, 16.8, 21.19, 26.39, 27.5.

(b) *being* **p.p.** EMnE [2]: Mt 2.12, 2.22.

(c) *having* **been p.p.** PE [1]: Mt 2.12.

(d) *p.p.* OE [1]: Mt 2.22.

(e) **X + -*ing*** OE [2]: Mt 1.20, 17.5.

(f) **X +** *p.p.* (完了) OE [3]: Mt 13.6, 13.21, 20.2.

(g) **X +** *p.p.* (受動) OE [4]: Mt 6.6, 9.33, 10.1, 16.4.

(h) **S2=S1, A** OE [86]: Mt 2.3, 2.8, 2.9, 2.22, 3.7, 4.2, 4.12, 4.18, 4.21, 5.1, 6.2, 6.3, 6.5, 6.7, 6.16, 8.10, 8.14, 8.18, 8.34, 9.4, 9.8, 9.9, 9.11, 9.23, 9.25, 9.32, 10.12, 10.14, 11.1, 11.2, 12.2, 12.9, 12.24, 12.43, 13.32, 13.46, 13.48, 13.53, 13.54, 14.5, 14.13a, 14.13b, 14.14, 14.23, 14.26, 14.30a, 14.30b, 14.34, 14.35, 15.29, 16.5, 16.8, 17.6, 17.8, 18.28, 18.31, 19.1, 19.15, 19.22, 19.25, 20.3, 20.9, 21.1, 21.12, 21.15, 21.18, 21.38, 21.45, 22.7, 22.11, 22.18, 22.22, 22.33, 22.34, 26.1, 26.10, 26.30, 26.39, 27.3, 27.24, 27.31, 27.32, 27.34, 27.35, 27.53, 27.54. ME [53]: Mt 2.8, 2.9, 2.11, 2.12, 4.2, 4.12, 6.2, 6.3, 6.5, 6.6, 6.16, 6.17, 8.14, 8.34, 9.4, 9.9, 9.23, 9.32, 10.12, 11.1, 11.2, 12.9, 12.43, 13.32, 13.46, 13.53, 14.13a, 14.13b, 14.19, 14.30, 14.34, 14.35, 15.29, 15.39, 16.4, 16.5, 19.1, 19.15, 19.22, 20.9, 21.1, 21.17, 21.45, 22.18, 26.1, 26.37, 27.5, 27.7, 27.31, 27.32, 27.34, 27.35, 27.54. EMnE [98]: 2.3, 2.4, 2.8, 2.9, 2.10, 2.11a, 2.11b, 2.14, 2.22, 3.7, 4.2, 4.3, 4.12, 6.2, 6.3, 6.5, 6.6, 6.7, 6.16, 8.10, 8.14, 8.18, 8.32, 8.34, 9.8, 9.9, 9.11, 9.12, 9.22, 9.23, 9.32, 9.36, 10.1, 10.7, 10.12, 10.14, 11.1, 11.2, 12.2, 12.9, 12.15, 12.24, 12.43, 12.44, 13.44, 13.53, 13.54, 14.5, 14.13a, 14.13b, 14.23, 14.26, 14.29, 14.30, 14.34, 14.35, 16.5, 16.8, 16.13, 17.6, 17.8, 18.31, 19.1, 19.22, 19.25, 20.2, 20.9, 20.10, 20.11, 20.24, 21.15, 21.18, 21.19, 21.20, 21.38, 21.45, 21.46, 22.7, 22.11, 22.22, 22.33, 22.34, 24.15, 26.1, 26.8, 26.10, 26.30, 27.2, 27.24, 27.26, 27.29, 27.31, 27.32, 27.33, 27.34, 27.54, 27.59, 28.17. PE [92]: 1.24, 2.3, 2.8, 2.9, 2.10, 2.16, 2.22, 3.7, 4.12, 4.18, 4.21, 5.1, 6.2, 6.3, 6.5, 6.6, 6.7, 6.16, 6.17, 8.10, 8.14, 8.18, 8.34, 9.2, 9.8, 9.9, 9.11, 9.12, 9.23, 9.36, 10.7, 10.12, 11.1, 11.2, 12.2, 12.15, 12.24, 12.43, 12.44, 13.32, 13.53, 14.5, 14.13a, 14.13b, 14.14, 14.23, 14.26, 14.30, 14.34, 14.35, 15.29, 16.5, 16.13, 17.6, 17.8, 18.31, 19.1, 19.22, 19.25, 20.3, 20.5, 20.9, 20.10, 20.11, 20.17, 20.24, 20.30, 21.15, 21.18, 21.20, 21.32, 21.38, 21.45, 22.11, 22.22, 22.33, 22.34, 24.33, 25.3, 26.1, 26.8, 26.30, 27.3, 27.24, 27.32, 27.33, 27.34, 27.35, 27.47, 27.54, 28.12, 28.17.

(i) **S2=S1, P** OE [2]: Mt 1.18, 20.28. ME [3]: Mt 1.18, 27.12, 28.12. EMnE [4]: 1.18, 13.32, 27.12, 28.12. PE [2]: 1.18, 27.12.

第 5 章　分詞構文・副詞節の実証通時研究　　　　79

(j)　S2≠S1, A OE [50]: Mt 2.13, 2.19, 5.1, 7.28, 8.1, 8.5, 8.16 (be), 8.28, 9.10, 9.18, 9.27, 9.28, 10.19, 10.23a, 10.23b, 11.7, 12.46, 13.4, 13.25, 13.26, 14.15, 14.23 (be), 14.32 (be), 17.9, 17.14, 17.22 (OE: 17.21), 17.24 (OE: 17.23), 17.25 (OE: 17.24), 18.24, 20.8, 20.29, 21.10, 21.23, 21.34, 24.1, 24.3, 24.15, 24.32 (be), 25.5, 25.10, 26.6 (be), 26.21, 26.26, 26.47, 26.60, 26.71, 27.1 (be), 27.12, 27.57 (be), 28.11. ME [50]: Mt 1.20, 2.13, 2.19 (be), 7.28, 8.1, 8.5, 8.16 (be), 8.23, 8.28, 9.10, 9.18, 9.27, 9.28, 10.19, 10.23, 11.7, 12.46, 13.4, 13.6, 13.25, 14.15, 14.23, 14.32, 16.2, 17.5, 17.9, 17.14, 17.22 (ME: 17.21), 17.24 (ME: 17.23), 17.25 (ME: 17.24), 18.24, 20.8, 20.29, 21.10, 21.23, 21.34, 24.3, 24.15, 24.32 (be), 25.5, 25.10, 26.6 (be), 26.20, 26.26, 26.47, 26.71, 27.1, 27.19, 27.57, 28.11. EMnE [55]: Mt 1.20, 2.13, 2.19 (be), 7.28, 8.1, 8.5, 8.16, 8.23, 8.28, 9.10, 9.18, 9.27, 9.28, 10.19, 10.23, 11.7, 12.46, 13.4, 13.6 (be), 13.19, 13.21, 13.25, 13.26, 14.15 (be), 14.23, 14.32, 16.2 (be), 17.5, 17.9, 17.14, 17.22, 17.24, 17.25, 18.24, 20.8, 20.29, 21.1, 21.10, 21.23, 21.34, 24.3, 24.32 (be), 25.5, 25.10, 26.6 (be), 26.20, 26.21, 26.26, 26.47, 26.71, 27.1, 27.57, 28.1, 28.9, 28.11. PE [63] Mt 1.20, 2.13, 2.19, 3.16, 5.1, 7.28, 8.1, 8.5, 8.23, 8.28, 9.10, 9.18, 9.27, 9.28, 9.32, 10.19, 10.23, 11.7, 12.46, 13.4, 13.6, 13.19, 13.21, 13.25 (be), 13.26, 13.48 (be), 14.6, 14.15 (be), 14.23, 14.32, 16.2 (be), 17.5, 17.9, 17.14, 17.22, 17.24, 17.25, 17.26, 18.24, 20.8, 20.29, 21.1, 21.10, 21.23, 21.34, 23.13, 24.1, 24.3, 24.15, 24.32, 25.10, 26.6 (be), 26.20 (be), 26.21, 26.26, 26.47, 26.71, 27.1, 27.17, 27.19, 27.57 (be), 28.1, 28.11.

(k)　S2≠S1, P OE [5]: Mt 2.1, 3.16, 22.41, 23.15, 27.17. ME [18]: Mt 2.1, 3.16, 5.1, 6.6, 9.25, 9.33, 10.1, 13.21, 13.26, 14.23, 15.10, 19.25, 20.2, 22.41, 23.15, 26.30, 27.59, 28.15. EMnE [10]: Mt 1.12, 2.1, 5.1, 9.25, 9.33, 14.6, 22.41, 23.15, 27.17, 27.19. PE [6]: Mt 2.1, 3.16, 9.25, 9.33, 22.41, 25.5.

第6章
「目的」を表す不定詞・節の実証通時研究

6.1 序

　本章では，OE-PEの英語聖書四福音書を言語資料とする「目的」を表す不定詞・節の実証通時研究の結果を記す．本研究の内容は次の2点である．①OE-PEの英語聖書四福音書を言語資料とする「目的」を表す不定詞・節の通時調査の結果を示すこと，②調査結果にもとづく「目的」を表す不定詞・節の通時考察の結果を示すことである．考察とは，「目的」を表す不定詞・節の変遷特徴，「目的」を表す不定詞と節の変遷関係を示すことである．

　次節以降の構成は次の通りである．6.2「調査結果」，6.3「考察結果」，6.4「結び」とする．なお，6.5「不定詞・節」として，6.2「調査結果」で提示される表のすべての不定詞・節（伝章節）を提示する．

6.2 調査結果

　本節では，「対象とする「目的」を表す不定詞・節」を示し，表とそれに関連する主な例文を提示することにより，OE-PEの英語聖書四福音書を言語資料とする「目的」を表す不定詞・節の通時調査の結果を示す．まずは，「対象とする「目的」を表す不定詞」と「対象とする「目的」を表す節」を示す．(1)(2)を参照されたい．なお，**本書では，「目的」を表す不定詞・節とあれば，それは(1)(2)の「目的」を表す不定詞・節を表す**．

(1)　**対象とする「目的」を表す不定詞**
　　a.　文末（＝「S + V」の後）
　　b.　Vは能動態
　　c.　不定詞の意味上の主語＝S
(2)　**対象とする「目的」を表す節**
　　a.　文末（＝「S + V」の後）
　　b.　Vは能動態

第 6 章 「目的」を表す不定詞・節の実証通時研究　　81

　　c.　節の主語＝S

　次に，(1)(2)を考慮に入れた調査結果に関する表の提示そしてその説明を
行う．表を参照されたい．

表　「目的」を表す不定詞・節

	OE	ME	EMnE	PE
不定詞	U: 19, I: 28	*to*	*to*	*to*: 162 in order *to*: 8, so as *to*: 2
	47	136	135	172
節	ðæt	that	that: 35 lest:　2	so that: 16 that: 1, for fear that: 1
	98	33	37	18
総　計	145	169	172	190

　表について説明する．不定詞・節の標準形について，不定詞では，OE: U,
I; ME-PE: *to*, 節では，OE-EMnE: ðæt, that; PE: so thatである．表のスペー
スの都合上，不定詞・節のより詳細な統語・意味・形態論上の情報（受動態，
be動詞，*to*の代わりの*for to*）を示していない．6.5「不定詞・節」を参照され
たい．
　最後に，「目的」を表す不定詞・節の主な例文を(3)-(12)に示す．例文では，
a: OE, b: ME, c: EMnE, d: PEとする．例文中の斜字体は著者による．斜字
体で「目的」を表す不定詞・節を明確化する．伝章節後の同一内容に関する表
記は，参考までに挙げるものである．

(3)　Lk 5.32 ((3)-(5)は同一内容，aの違いに注目)
　　　a.　Ne com ic rihtwise *clypian*: ac synfulle on dædbote (U)
　　　b.　for Y cam not *to clepe* iuste men, but synful men to penaunce (*to*)
　　　c.　I came not *to call* the righteous, but sinners to repentance (*to*)
　　　d.　I have come *to call* not the righteous but sinners to repentance (*to*)
(4)　Mt 9.13 ((3)-(5)は同一内容，aの違いに注目)
　　　a.　Soþlice ne com ic rihtwise *to gecigeanne*: ac þa synnfullan (I)
　　　b.　for I cam, not *to clepe* riȝtful men, but synful men (*to*)

c. for I am not come *to call* the righteous, but sinners to repentance (*to*)

d. For I have come *to call* not the righteous but sinners (*to*)

(5) Mk 2.17 ((3)-(5)は同一内容，aの違いに注目)

  a. Ne com ic na *þæt* ic clypode rihtwise ac synfulle (ðæt)

  b. for Y cam not *to clepe* iust men, but synneris (*to*)

  c. I came not *to call* the righteous, but sinners to repentance (*to*)

  d. I have come *to call* not the righteous but sinners (*to*)

(6) Mk 14.10 (d に in order *to*)

  a. Ða iudas scarioth . . . ferde to þam heahsacerdum *þæt* he hine [him] belæwde (ðæt)

  b. And Judas Scarioth . . . wente to the hiȝest prestis, *to bitraye* hym to hem (*to*)

  c. And Iudas Iscariot . . . went vnto the chiefe Priests, *to betray* him vnto them (*to*)

  d. Then Judas Iscariot . . . went to the chief priests *in order to betray* him to them (in order *to*)

(7) Jn 18.28 (c に lest, d に so as *to*)

  a. hig sylue ne eodon into ðam domerne, *þæt* hyg næron besmitene (ðæt)

  b. thei entriden not in to the moot halle, *that* thei schulden not be defoulid (that)

  c. they themselues went not into the iudgement hall, *lest* they should be defiled (lest)

  d. They themselves did not enter the headquarters, *so as to avoid* ritual defilement (so as *to*)

(8) Jn 11.16 (d に that)

  a. Uton gan and sweltan mid him

  b. Go we also, *that* we dien with hym (that)

  c. Let vs also goe, *that* we may die with him (that)

  d. Let us also go, *that* we may die with him (that)

(9) Mt 26.59 ((9)-(11)は (ほぼ) 同一内容，b-dの違いに注目)

  a. Witodlice þæra sacerda ealdras and eall þæt gemot sohton lease saga ongen þone hælend. *ðæt* hig hyne to deaþe sealdon (ðæt)

第6章 「目的」を表す不定詞・節の実証通時研究　　83

    b. And the prince of prestis, and al the counsel souȝten fals wit-
       nessing aȝens Jhesu, *that* thei schulden take hym to deeth (that)
    c. Now the chiefe Priests and Elders, and all the councell, sought
       false witnesse against Iesus *to put* him to death (*to*)
    d. Now the chief priests and the whole council were looking for false
       testimony against Jesus *so that* they might put him to death (so that)

(10)　Mk 14.55 ((9)-(11)は (ほぼ) 同一内容, b-d の違いに注目)
    a. Þa heahsacerdas sohton and eall geþeaht׃ tale agen þone hælend׃
       þæt hi hine to de`a´ðe sealdon (ðæt)
    b. And the hiȝest prestis, and al the counsel, souȝten witnessyng
       aȝens Jhesu *to take* hym to the deeth (*to*)
    c. And the chiefe Priests, and all the counsell sought for witnesse
       against Iesus, *to put* him to death (*to*)
    d. Now the chief priests and the whole council were looking for
       testimony against Jesus *to put* him to death (*to*)

(11)　Jn 11.57 (ME: 11.56) ((9)-(11)は (ほぼ) 同一内容, b-d の違いに注目)
    a. þa bisceopas and þa pharisei hæfdon beboden gif hwa wiste hwar
       he wære þæt he hyt cydde *þæt* hig mihton hine niman (ðæt)
    b. For the bischopis and Farisees hadden ȝouun a maundement,
       that if ony man knowe where he is, that he schewe, *that* thei take
       hym (that)
    c. Now both the chiefe Priests and the Pharises had giuen a com-
       mandement, that if any man knew where hee were, he should
       shew it, *that* they might take him (that)
    d. Now the chief priests and the Pharisees had given orders that
       anyone who knew where Jesus was should let them know, *so that*
       they might arrest him (so that)

(12)　Jn 12.42 (c に lest, d に for fear that)
    a. hi hyt ne cyddon . . . þe læs hig ma ut adrife of hyra gesomnunge[1]
    b. thei knowlechiden not, *that* thei schulden not be put out of the
       synagoge (that)
    c. they did not confesse him, *lest* they should be put out of the
       Synagogue (lest)

d. they did not confess it, *for fear that* they would be put out of the synagogue (for fear that)

表とその関連例文は最小限の調査結果である．その他の調査結果としては，「すべての例文」「すべての変遷パターン」「すべての同一内容文」がある．「すべての変遷パターン」「すべての同一内容文」は，第2章・表の⑪a，bより導き出せる資料である．「すべての例文」「すべての変遷パターン」「すべての同一内容文」の提示は物理的に不可能であるため未提示とするが，それらは考察に際しての重要な調査結果（分析対象資料）である．なお，本節の追加として，6.5「不定詞・節」も参考とされたい．

6.3　考察結果

本節では，調査結果にもとづく「目的」を表す不定詞・節の通時考察の結果を示す．調査結果とは，表およびその背景にある言語事実を意味する．[2] 考察とは，「目的」を表す不定詞・節の変遷特徴，「目的」を表す不定詞と節の変遷関係を示すことである．

考察結果を示す．提示されている調査結果を随時参照しながら，(13)とその後の説明を読まれたい．

(13)　**考察結果**
　　a.　不定詞の変遷特徴について，OE→ME, EMnE→PEでは頻度の（大きな）増加がみられる．
　　b.　節の変遷特徴について，OE→ME, EMnE→PEでは頻度の（大きな）減少がみられる．
　　c.　不定詞と節の変遷関係について，OE→ME, EMnE→PEでは「節→不定詞」の変遷がみられる．

(13a)(13b)について，OE→ME, EMnE→PEでは「節→不定詞」の変遷だけでなく「他→不定詞」の変遷も多くみられる．「OE→ME: 節→不定詞」「EMnE→PE: 節→不定詞」「OE→ME: 他→不定詞」「EMnE→PE: 他→不定詞」の4つの変遷パターンの例文を示すため，(14)-(18)の例文を追加する．例文に関する注は(3)-(12)の場合と同じである．「OE→ME: 節→不定詞」の例

第 6 章 「目的」を表す不定詞・節の実証通時研究　　　85

文として (5) (6) (10) (14),「EMnE→PE: 節→不定詞」の例文として (7) (15),
「OE→ME: 他→不定詞」の例文として (17),「EMnE→PE: 他→不定詞」の例
文として (18) を参照されたい. (13a) (13b) の説明および (13c) は, 注2) にも
あるように,「すべての変遷パターン」より出る説明および考察結果である.

(14)　Lk 10.25 ((14)-(16)は同一内容)
　　　a.　hwæt do ic *þæt* ic ece lif hæbbe (ðæt)
　　　b.　what thing schal Y do *to haue* euerlastynge lijf? (*to*)
　　　c.　what shall I doe *to inherite* eternall life? (*to*)
　　　d.　what must I do *to inherit* eternal life? (*to*)
(15)　Mk 10.17 ((14)-(16)は同一内容)
　　　a.　hwæt do ic: *þæt* ic ece lif age (ðæt)
　　　b.　what schal Y do, *that* Y resseyue euerlastynge lijf? (that)
　　　c.　what shall I doe *that* I may inherit eternall life? (that)
　　　d.　what must I do *to inherit* eternal life? (*to*)
(16)　Lk 18.18 ((14)-(16)は同一内容)
　　　a.　hwæt do ic *þæt* ic ece lif hæbbe (ðæt)
　　　b.　in what thing doynge schal Y weilde euerlastynge lijf?
　　　c.　what shall I doe *to inherite* eternall life? (*to*)
　　　d.　what must I do *to inherit* eternal life? (*to*)
(17)　Lk 12.49
　　　a.　Fyr ic sende on eorþan
　　　b.　Y cam *to sende* fier in to the erthe (*to*)
　　　c.　I am come *to send* fire on the earth (*to*)
　　　d.　I came *to bring* fire to the earth (*to*)
(18)　Mt 22.35
　　　a.　and an þe wæs þære æ ys lareow axode hyne and fandode hys þus
　　　　　cweðende
　　　b.　And oon of hem, a techere of the lawe, axide Jhesu, and temptide
　　　　　him
　　　c.　Then one of them, which was a Lawyer, asked him a question,
　　　　　tempting him, and saying
　　　d.　and one of them, a lawyer, asked him a question *to test* him (*to*)

6.4 結 び

　本章では，OE-PEの英語聖書四福音書を言語資料とする「目的」を表す不定詞・節の実証通時研究の結果（調査および考察）を記した．（最小限ではあるが）調査結果としては(1)(2)および**表**とそれに関連する主な例文の提示であり，考察結果としては**(13)**の提示およびその説明である．調査結果の追加として，6.5「不定詞・節」も参考とされたい．考察結果について，本研究全体に渡って最も重要な探究点，すなわち準動詞・節の変遷特徴および準動詞と節の変遷関係を再度以下に記す．

不定詞の変遷特徴：OE→ME, EMnE→PEでの（大きな）増加
節の変遷特徴：OE→ME, EMnE→PEでの（大きな）減少
不定詞と節の変遷関係：OE→ME, EMnE→PEでの「節→不定詞」の変遷

注

1)　この文は，「「目的」を表す節の主語ma ≠ 主節の主語hi」であり，本文(2c)違反のため「他」となる．

2)　「その背景にある言語事実」とは，前節の本文・最終段落にある「すべての例文」「すべての変遷パターン」「すべての同一内容文」のことである．本文(13a)(13b)の説明および(13c)は「すべての変遷パターン」より出る説明および考察結果である．

6.5 不定詞・節

　伝章節後の（ ）内の表示について記す．beはbe動詞，*for to*は*for to*不定詞，pはpassive（形態上）を表す．

表 「目的」を表す不定詞・節

不定詞　OE [47]: **U** [19]: Mt 5.17a, 5.17b, 10.35, 11.7, 11.8, 11.9, 20.1, Mk 14.48, Lk 1.17, 1.25, 1.59, 1.76, 1.79, 5.32, 6.12, 7.24, 7.26, 12.51, 19.10; **I** [28]: Mt 2.2, 2.13, 8.29, 9.13, 10.34a, 10.34b, 12.42, 13.3, 18.11, 20.13, 26.55, 27.7, 27.31, Mk 1.24, 4.3, 11.25, 14.8, 15.36, Lk 1.72, 1.77, 1.79, 4.34, 5.17, 7.25, 11.31, 14.28,

第 6 章 「目的」を表す不定詞・節の実証通時研究　　　87

Jn 9.39, 12.47. ME [136]: *to* [136]: Mt 2.2, 2.13, 3.13 (p), 5.17a, 5.17b, 5.28 (*for to*), 6.1 (p), 6.5 (p), 6.16, 7.5, 8.29, 9.13, 10.34a, 10.34b, 10.35, 11.1, 11.7, 11.8, 11.9, 12.42, 13.3, 14.23 (*for to*), 14.29, 18.11, 20.1, 20.28 (p), 22.11, 22.15, 23.15, 24.1, 24.17, 24.18, 25.6, 25.10 (*for to*), 26.4, 26.12, 26.55, 26.58, 27.31, 27.35, 27.49, 28.1, 28.8, Mk 1.24, 2.17, 3.2, 3.10, 3.14, 3.21, 4.3, 5.14, 5.32, 6.36, 6.45, 6.46, 7.9, 9.22 (ME: 9.21), 11.25, 13.15, 13.16, 14.8, 14.10, 14.48, 14.55, 15.20, 15.36, 16.1, Lk 1.9, 1.17, 1.25, 1.59, 1.72, 1.76, 1.77, 1.79a, 1.79b, 2.3, 2.22, 2.27, 3.7 (p), 3.12 (p), 4.16, 4.29, 4.34, 5.1, 5.4, 5.15, 5.17, 5.32, 6.12, 6.18, 6.34, 6.42, 7.24 (ME: 7.25), 7.25 (ME: 7.26), 7.26, 8.5, 8.35, 9.28, 9.51, 9.52, 9.56, 10.25, 11.31 (*for to*), 11.54, 12.49, 12.51, 12.58 (p), 14.1, 14.19, 14.28, 14.31, 15.1, 16.24, 17.31, 18.10, 19.4, 19.10, 19.12, 19.15, 21.38, 22.47, Jn 4.7, 4.8, 4.15, 6.15, 8.59, 10.31, 11.11, 11.19, 11.31, 11.55, 12.9, 12.20, 14.2, 18.37. EMnE [135]: *to* [135]: Mt 2.2, 2.13, 3.13 (p), 5.17a, 5.17b, 5.28, 6.1 (p), 7.5, 8.29, 8.34, 9.13, 10.34a, 10.34b, 10.35, 11.1, 11.7, 11.8 (*for to*), 11.9 (*for to*), 12.42, 13.3, 14.23, 14.29, 18.11, 18.25, 20.1, 20.28 (p), 22.11, 23.15, 24.1 (*for to*), 24.17, 24.18, 25.1, 25.6, 25.10, 26.55 (*for to*), 26.58, 26.59, 27.1, 27.7, 27.31, 27.49, 28.1, 28.8, 28.9, Mk 1.24, 2.17, 3.10 (*for to*), 3.21, 4.3, 5.14, 5.32, 6.46, 7.4, 9.22, 10.45 (p), 13.15, 13.16 (*for to*), 14.8, 14.10, 14.48, 14.55, 15.20, 15.36, Lk 1.17a, 1.17b, 1.25, 1.59, 1.72, 1.76, 1.77, 1.79a, 1.79b, 2.3 (p), 2.5 (p), 2.22, 2.27, 3.7 (p), 3.12 (p), 4.16 (*for to*), 4.34, 5.1, 5.15, 5.17, 5.32, 6.12, 6.18 (EMnE: 6.17), 6.34, 6.42, 7.24 (*for to*), 7.25 (*for to*), 7.26 (*for to*), 8.5, 8.35, 9.28, 9.51, 9.52, 9.56, 10.25, 11.31, 12.49, 12.51, 14.1, 14.19, 14.31, 15.1 (*for to*), 17.18, 17.31, 18.10, 18.18, 19.4, 19.7 (be), 19.10, 19.12, 21.38 (*for to*), 22.47, 24.29, Jn 1.7, 4.7, 4.8, 4.15, 6.6, 6.15, 6.38, 8.6, 8.59, 10.10 (*for to*), 10.31, 11.19, 11.31, 11.53 (*for to*), 11.55, 12.13, 12.20, 12.47, 14.2. PE [172]: *to* [162] Mt 2.2, 2.13, 3.13 (p), 5.17a, 5.17b, 7.5, 8.29, 8.34, 9.13, 10.34a, 10.34b, 10.35, 11.1, 11.7, 11.8, 11.9, 12.42, 13.3, 13.35, 14.23, 19.16, 20.1, 20.28 (p), 22.11, 22.35, 23.4, 23.15, 24.1, 24.17, 24.18, 25.1, 25.6, 25.10, 26.50, 26.55, 27.7, 27.31, 27.49, 28.1, 28.8, Mk 1.24, 1.38, 2.17, 3.2, 3.10, 3.21, 4.3, 5.14, 5.32, 5.35, 6.46, 8.11, 9.12, 9.15, 9.22, 10.17, 10.45 (p), 11.13, 12.44, 13.15, 13.16, 14.48, 14.55, 15.20, 15.24, 15.36, Lk 1.17a, 1.17b, 1.59, 1.62, 1.76, 1.77, 1.79a, 1.79b, 2.3 (p), 2.5 (p), 2.22, 2.27, 2.45, 3.7 (p), 3.12 (p), 4.16 , 4.34, 5.1, 5.15, 5.17, 5.32, 6.7, 6.12, 6.18, 6.34, 6.42, 7.24, 7.25, 7.26, 8.5, 8.35, 8.49, 9.12, 9.28, 9.51, 9.52, 10.25a, 10.25b, 11.31, 11.46, 11.54, 12.49,

12.51, 13.15, 14.1, 14.19, 14.28, 14.31, 15.1, 17.31, 18.10, 18.18, 19.4, 19.7 (be), 19.10, 19.12, 21.4, 21.38, 22.47, 23.34, 24.29, Jn 1.7, 1.8, 4.7, 4.8, 4.15, 5.40, 6.6, 6.15, 6.28, 6.38, 8.6, 8.59, 10.10, 10.31, 11.11, 11.19, 11.31, 11.52, 11.55, 12.9, 12.13, 12.18, 12.20, 12.33, 12.47, 14.2, 15.2, 16.1, 17.24, 18.36, 18.37, 19.24, 20.5, 20.11, 21.19; **in order** *to* [8]: Mt 6.1 (p), 26.58, 27.1, Mk 7.9, 14.10, Lk 20.20, Jn 10.17, 19.28; **so as** *to* [2]: Mt 6.16, Jn 18.28.

節　　OE [98]: ðæt [98]: Mt 5.45 (be), 6.1 (p), 6.2 (p), 6.16, 6.18 (p), 7.1 (p), 7.5, 11.1, 12.10, 14.29, 19.16, 21.32, 22.11, 22.15, 23.15, 24.1, 24.17, 24.18, 26.4, 26.58, 26.59, 27.1, 28.1, Mk 2.17, 3.2, 3.21, 4.21 (p), 5.14, 5.32, 6.36, 6.45, 7.9, 9.22 (OE: 9.21), 10.17, 10.45, 13.15, 13.16, 14.10, 14.55, 15.20, 16.1, Lk 1.9, 1.17, 2.5, 2.22, 2.27, 3.7 (p), 3.12 (p), 4.16, 4.29, 5.1, 5.15, 6.7, 6.18, 6.34, 6.42, 8.35, 9.28, 9.51, 9.52, 10.25, 11.54, 12.58 (p), 14.1, 15.1, 17.31, 18.10, 18.18, 19.4, 19.12, 19.15, 20.20, 21.38, 22.47, 22.52, 24.29, Jn 1.7, 1.8, 5.40, 6.28, 6.38, 8.6, 8.59, 10.10, 10.31, 10.38, 11.19, 11.31, 11.52, 11.55, 11.57, 12.9, 12.20, 12.36 (be), 12.47, 17.24, 18.28 (p), 18.37. ME [33]: **that** [33]: Mt 5.45 (be), 6.2 (p), 6.18 (p), 7.1 (p), 12.10, 19.16, 21.32, 26.59, 27.1, Mk 4.21 (p), 10.17, 10.45, Lk 2.5, 6.7, 9.12, 20.20, Jn 1.7, 1.8, 5.40, 6.28, 6.38, 8.6, 10.10, 10.17, 10.38, 11.16, 11.52, 11.57 (ME: 11.56), 12.36 (be), 12.42 (p), 12.47, 17.24, 18.28 (p). EMnE [37]: **that** [35]: Mt 5.45 (be), 6.2, 6.5 (p), 6.16, 6.18, 7.1 (p), 12.10, 19.16, 21.32, 26.4, Mk 3.2, 3.14, 7.9, 10.17, 16.1, Lk 4.29, 6.7, 11.54, 12.58 (p), 19.15, 20.20, 22.31, Jn 5.40, 6.28, 8.6, 10.17, 10.38, 11.11, 11.16, 11.52, 11.57, 12.9, 12.36 (be), 17.24, 18.37; **lest** [2]: Jn 12.42 (p), 18.28 (p). PE [18]: **so that** [16]: Mt 5.45 (be), 6.2 (p), 6.5 (p), 7.1 (p), 12.10, 26.59, Mk 3.2, 16.1, Lk 4.29, 6.7, 19.15, Jn 8.6, 10.38, 11.57, 12.7, 12.36; **that** [1]: Jn 11.16; **for fear that** [1]: Jn 12.42 (p).

第7章
動詞補文の実証通時研究に際して

7.1　序

　第7-10章では動詞補文を扱う．動詞補文とは(1)-(4)を指し，「非人称動詞補文」と（一部研究者により）称される構文を含めない．後者については，第3章「主語機能の不定詞・節の実証通時研究」で扱っている．動詞補文の動詞とは(1)-(4)のV, Vi, Vtである．

(1)　**S + Vt + 準動詞・節**
　　a.　S + Vt + 不定詞（不定詞の意味上の主語＝S）
　　b.　S + Vt + 動名詞（動名詞の意味上の主語＝S）
　　c.　S + Vt + 節（節の主語＝S, Vtはa, bのVtと同（類），節の時制・法・相・態はa, bの準動詞に見合うもの）

(2)　**S + Vi + 準動詞・節**
　　a.　S + Vi + 不定詞（不定詞の意味上の主語＝S）
　　b.　S + Vi + 節（節の主語＝S, ViはaのViと同（類），節の時制・法・相・態はaの不定詞に見合うもの）

(3)　**S + V + O + 準動詞／S + V (+ O) + 節**
　　a.　S + V + O + 不定詞（不定詞の意味上の主語＝O）
　　b.　S + V + O + 現在分詞（現在分詞の意味上の主語＝O）
　　c.　S + V + O + 過去分詞（過去分詞の意味上の主語＝O）
　　d.　S + V + 節（節の主語≠S, Vはa-cのVと同（類），節の時制・法・相・態はa-cの準動詞に見合うもの）
　　e.　S + V + O + 節（節の主語＝O, Vはa-cのVと同（類），節の時制・法・相・態はa-cの準動詞に見合うもの）

(4)　**S + V + 準動詞**
　　a.　S + V + 不定詞（不定詞の意味上の主語≠S）
　　b.　S + V + 動名詞（動名詞の意味上の主語≠S）

「準動詞・節の（意味上の）主語＝S」「準動詞・節の（意味上の）主語≠S」という点において，(2)は(1)に関連しており，(4)は(3)に関連している．(1)(3)の実証通時研究が重要であり，(2)(4)については，(1)(3)の研究時に必要に応じ言及することで充分である．第8, 9章では(1)を，第10章では(3)を扱う．

　(1)-(4)の理解を深めるため(5)-(10)に例文を示す．例文ではa: OE, b: ME, c: EMnE, d: PEとする．例文中の斜字体・下線は著者による．斜字体で動詞補文，下線で動詞を明確化する．

(5)　Lk 7.45

   a.　þeos | syððan ic ineode. ne <u>geswac</u> *þæt* heo mine fet ne cyste (1c)

   b.　but this, sithen sche entride, <u>ceesside</u> not *to kisse* my feet (1a)

   c.　but this woman, since the time I came in, hath not <u>ceased</u> *to kisse* my feet (1a)

   d.　but from the time I came in she has not <u>stopped</u> *kissing* my feet (1b)

(6)　Lk 13.24

   a.　<u>efstað</u> *þæt* ge gangen þurh þæt nearwe get (2b)

   b.　<u>Stryue</u> ʒe *to entre* bi the streite ʒate (2a)

   c.　<u>Striue</u> *to enter* in at the strait gate (2a)

   d.　<u>Strive</u> *to enter* through the narrow door (2a)

(7)　Mt 8.14

   a.　Ða se hælend com on petres huse þa <u>geseah</u> he hys swegre *licgende* and hriþgende (3b)

   b.　And whanne Jhesus was comun in to the hous of Symount Petre, he <u>say</u> his wyues modir *liggynge*, and shakun with feueris (3b)

   c.　And when Iesus was come into Peters house, hee <u>saw</u> his wiues mother *laid*, and sicke of a feuer (3c)

   d.　When Jesus entered Peter's house, he <u>saw</u> his mother-in-law *lying* in bed with a fever (3b)

(8)　Mt 8.34

   a.　and þa þa hig hyne gesawun þa <u>bædon</u> hig hyne *þæt* he ferde fram gemærum (3e)

第7章　動詞補文の実証通時研究に際して　　　91

 b. and whanne thei hadden seyn hym, thei <u>preieden</u>, *that* he wolde passe fro her coostis (3d)

 c. and when they saw him, they <u>besought</u> him *that* hee would depart out of their coasts (3e)

 d. and when they saw him, they <u>begged</u> him *to leave* their neighborhood (3a)

(9) Lk 8.55

 a. and he <u>het</u> hyre *syllan* etan (4a)

 b. And he <u>comaundide</u> *to ȝyue* to hir to ete (4a)

 c. and hee <u>commanded</u> *to giue* her meat (4a)

 d. Then he <u>directed</u> them *to give* her something to eat (3a)

(10) Mk 7.12

 a. and ofer þæt ge ne <u>lætað</u> hine ænig þing *don* his fæder oððe meder (3a)

 b. and ouer ȝe <u>suffren</u> not hym *do* ony thing to fadir or modir (3a)

 c. And ye <u>suffer</u> him no more *to doe* ought for his father, or his mother (3a)

 d. then you no longer <u>permit</u> *doing* anything for a father or mother (4b)

　動詞補文の実証通時研究を続けるなか，その研究を行う上で「注意すべき点」がいくつかあることに気づいた．本章では，この「注意すべき点」を示し，それに対する対応案を提示する．このような包括的なまとめは，動詞補文の実証通時研究の精確さを保つためには必須の研究であり，他の研究者に資するものであるが，意外にもこれまでまとめられていない．本章は，第8-10章の重要な導入章である．
　次節以降の構成は次の通りである．7.2「注意すべき点」，7.3「結び」とする．

7.2　注意すべき点

　本節では「注意すべき点」を紹介し，それに対する対応案を提示する．「注意すべき点」とは次の4点である．「動詞の分類法」(7.2.1)，「研究対象とする動詞の範囲」(7.2.2)，「構文の判別精度」(7.2.3)，「特異な例の取り扱い」(7.2.4)である．

7.2.1 動詞の分類法

「注意すべき点：動詞の分類法」とは，**多義動詞（多義性のある動詞）の分類は適切か**という点である．動詞を意味の上で分類する一例にVisser (1963-73: §§1174-371, 1771-92, 2055-99, 2111-28)がある．多義動詞の分類について，Visser分類が万能であるかというと，必ずしもそうとは言えない．Visser分類と本言語資料（を読み込んだ上での）分類の間には違いがみられる．多義動詞の分類については，**研究者による言語資料ごとでの分類の再考が必要である**．意味分類全般の再考も必要であるが，見落としがちでありその考察が容易ではない，多義動詞の分類の再考を本書では強調したい．「多義動詞」のうちの2例を以下に示す．例文(11)-(16)に関する注は(5)-(10)の場合と同じである．

まずは，「動詞補文(1)　動詞OE: secan, ME: sechen, EMnE: seek」の多義性を感じさせる例を示す．(11a)-(11c) (12a)-(12c)を参照されたい．(13)は(12)の補足例文である．

(11) Lk 6.19
    a. And eal seo menigeo <u>sohte</u> hine *to æthrinenne*. forþam þe mægen of him eode and he ealle gehælde (1a)
    b. And al puple <u>souȝte</u> *to touche* hym, for vertu wente out of hym, and heelide alle (1a)
    c. And the whole multitude <u>sought</u> *to touch* him: for there went vertue out of him, and healed them all (1a)
    d. And all in the crowd were <u>trying</u> *to touch* him, for power came out from him and healed all of them (1a)

(12) Lk 20.19
    a. Ða <u>sohton</u> þara sacerda ealdras and þa boceras hyra handa on þære tide on hine *wurpun* and hig adredon him þæt folc (1a)
    b. And the princis of prestis, and scribis, <u>souȝten</u> *to leye* on hym hoondis in that our, and thei dredden the puple (1a)
    c. And the chiefe Priests and the Scribes the same houre <u>sought</u> *to lay* hands on him, and they feared the people (1a)
    d. they <u>wanted</u> *to lay* hands on him at that very hour, but they feared the people (1a)

第 7 章　動詞補文の実証通時研究に際して　　　93

(13)　Jn 10.39

   a.　Hig <u>smeadon</u> witodlice embe *þæt* hig woldon hine gefon and he eode ut fram him (1c)

   b.　Therfor thei <u>souȝten</u> *to take* hym, and he wente out of her hondis (1a)

   c.　Therefore they <u>sought</u> againe *to take* him: but hee escaped out of their hand (1a)

   d.　Then they <u>tried</u> *to arrest* him again, but he escaped from their hands (1a)

　(11)(12)において，dでは異なる動詞(「意志・意図系」tryと「願望・懇願系」want)がみられ，文脈の上でもa-cでは意味の異なる「意志・意図系」「願望・懇願系」secan, sechen, seekが読み取れる．Vtの意味分類については本書104頁を参照されたい．Visser分類では，secan, sechen, seekは「意志・意図系」だけに分類されている(Visser 1963-73: §1193)．(12)(13)について，「イエスを捕える」という意味の点では(12)(13)は同じであるが，Vtの意味の点では(12)(13)には違いがみられる((12)のVtは「願望・懇願系」の動詞，(13)のVtは「意志・意図系」の動詞)．(12)(13)のVtの意味の違いは，文の後半部分の違い(but they feared the people (12d) : but he escaped from their hands (13d))から読み取れる．

　次に，「動詞補文(3)　動詞EMnE: let, PE: let」の多義性を感じさせる例を示す．(14d)(15d)(16c)(16d)を参照されたい．

(14)　Mt 8.21

   a.　Drihten <u>alyfe</u> me ærest *to farenne* and bebyrigean minne fæder (3a)

   b.　Lord, <u>suffre</u> me *to go* first, and birie my fader (3a)

   c.　Lord, <u>suffer</u> me first *to goe*, and bury my father (3a)

   d.　Lord, first <u>let</u> me *go* and bury my father (3a)

(15)　Mt 8.22

   a.　fylig me and <u>læt</u> deade *bebyrigean* hyra deadan (3a)

   b.　Sue thou me, and <u>lete</u> deed men *birie* her deede men (3a)

   c.　Follow me, & <u>let</u> the dead, *bury* their dead (3a)

   d.　Follow me, and <u>let</u> the dead *bury* their own dead (3a)

(16) Mt 21.38

    a. Ðes ys yrfenuma uton gan and ofslean hyne and habban us hys æhta

    b. This is the eire; come ȝe, sle we hym, and we schulen haue his eritage

    c. This is the heire, come, <u>let</u> vs *kill* him, and let vs sease on his inheritance (3a)

    d. This is the heir; come, <u>let</u> us *kill* him and get his inheritance (3a)

(14)(15)において，a-cでは異なる動詞（「許可系」aliefan, sufferen, suffer と「使役系」lætan, leten, let）がみられ，文脈の上でもdでは意味の異なる「許可系」「使役系」letが充分に読み取れる（(14)(15)の場合，Mt 8.21 そして Mt 8.22という連続する文脈のため，特に意味の違いを読み取ることができる）．Vの意味分類については本書129頁を参照されたい．(16c)(16d)のletは「許可系」letという見方もあろうが（cf. Visser 1963-73: 2261），本書では，'let us' という連語的な要素に重きを置き，「許可系」letでも，その中で別扱いをする（第10章・表1・⑦・EMnE, PEのletᶜ）．

7.2.2　研究対象とする動詞の範囲

「注意すべき点：研究対象とする動詞の範囲」とは，**研究対象とする動詞の範囲は適切か**という点である．この範囲の一般的なものとして次の3点がみられる．言語資料における①不定詞を伴う1つの動詞に限定，②不定詞を伴う任意の動詞に限定，③不定詞を伴うすべての動詞に限定の3点である．①〜③のどの場合でも，研究対象とする動詞は言語資料における不定詞を伴う動詞に限定している．これで充分だろうか．不定詞を伴う動詞でも，時代または言語資料によっては，不定詞以外の補文しか伴わない場合もあろう．動詞補文の発達を精確に把握するためには，**たとえその時代または言語資料において不定詞補文を伴わないとしても，ある時代または言語資料において不定詞補文を伴うことがあれば，それらの動詞や同義の動詞をすべて研究対象とする必要がある**．このような配慮により，一例として，第8章・表1・① cweðan, smeaganᵃの取りこぼしを回避できる．

7.2.3　構文の判別精度

「注意すべき点：構文の判別精度」とは，**動詞補文の分類は統語および文**

第 7 章　動詞補文の実証通時研究に際して　　　95

脈の上で適切かという点である．研究書を読む中，動詞補文の分類が大枠過ぎると感じたり，文脈が充分読み込まれていないのではないかと感じたり，分類違いがあるのではないかと感ずることがある．また自己の収集した文でも，文脈を充分読み込まなければ分類違いをしてしまうと感ずることもある．**研究書を参考にする際は，動詞補文がどのような枠組みで分類されているかを充分吟味する必要がある．また動詞補文の分類にあたっては，（大枠過ぎず）適切な枠組みでの分類，文脈を充分読み込んだ上の分類違いのない精確な分類が必要である．**以下に，分類の適切さを欠いていると思われる例を研究書から示し，文脈を充分読み込まなければ分類違いをしてしまう可能性のある例を自己調査から示す．

　まずは，研究書からの例を示す．Manabe (1989: §IV Object)を例にとる．Manabe (1989)は，ME を中心とする不定詞と節の実証通時研究書としては非常に有益な書である．しかし 'Object, Finite clauses, Infinitives, (+S), (-S)' 用語による大枠の分類により調査結果が提示されているため，後進の研究者にとっては難解であり，参考にあたっては注意を要するのではないかと感ずる．[1] また分類違いではないかと思える箇所もみられる．具体的には次の4種である．①(1a) (2a) (4a)の区分を把握しづらい（特に(1a) (2a)と(4a)の区分は重要），②(1c) (2b) (3d)の区分を把握しづらい（特に(1c) (2b)と(3d)の区分は重要），③(3d) (3e)の区分を把握しづらい，④分類違いの可能性があるの4種である．①〜④の例を(17)-(20)に示す．例文に関する注は，a, b を除き，(5)-(10)の場合と同じである．

(17)　①の例（Manabe 1989: 100, 103; Infinitives (-S) という分類）
　　a.　herfore he bihetiþ to hem *to ȝyve* hem þat were riȝtful (*Wycl. Serm.*, 99. 8-12) (1a)
　　b.　And aftyr he commaundet *to bynd* hym hond and fote to a cros (Mirk *Fest.*, 8. 28-9) (4a)

(18)　②の例（Manabe 1989: 100, 122; Finite clauses という分類）
　　a.　And God bihiȝt *þat* he shulde ȝyue hem þat were riȝtful hem to haue (*Wycl. Serm.*, 99. 8-12) (1c)
　　b.　I suppose weele *þat* it schulde be soo (Capgr. *St. Kath.*, II. 204) (3d)

(19) ③の例 (Manabe 1989: 99, 102; Finite clauses という分類)

    a. my wyckednesse <u>askyth</u> þat þou it riȝte (Rolle *Writings*, 27. 264-5) (3d)

    b. he <u>adiurid</u> hym, & <u>chargid</u> hym on Goddis behalfe, þat he sulde tell hym his name (*Alph. Tales*, 66. 27-8) (3e)

(20) ④の例 (Manabe 1989: 103-4; Finite clauses という分類)

Thanne mowen we <u>concluden</u> sykerly, *that* the substaunce of God is set in thilke same good, and in noon other place (Chaucer *Bo*, III. p, 10. 248-50)

(17)-(19)について，例文上（　）内の Manabe (1989) による分類表記と例文後の著者による動詞補文表記の違い ((17) Infinitives (-S)：(1a) (4a)，(18) Finite clauses：(1c) (3d)，(19) Finite clauses：(3d) (3e)) より，Manabe (1989) には①～③のマイナス面を観察できる．(20)について，この時代では動詞 concluden の伴う不定詞補文は原則(1a)であろう．Manabe (1989: 103)の 'Infinitives (-S)' における '(-S)' 表記そして Visser (1963-73: §1191, 2079)より，このように判断できる．この条件下では，concluden の伴える節補文は(1c)のみとなる．しかし(20)の場合「節の主語≠S」(the substaunce of God≠we)であり，(1c)とみなすことはできない．(20)の節は不定詞関連補文ではないのではないか．

　次に，自己調査からの例を示す．文脈を充分読み込まなければ分類違いをしてしまう可能性のある例である．(21) (22)を参照されたい．(21a)の(hi)および(21c) (21d)の(they)は本文にはなく，説明のため著者が前節 Mt 14.35 より補ったものである．例文に関するその他の注は(5)-(10)の場合と同じである．

(21) Mt 14.36 (S, O, 節の主語に注意)

    a. and (hi) hyne <u>bædon</u> þæt hig huruþinga his reafes fnæd æthrinon (3d)

    b. And thei <u>preieden</u> hym, *that* thei schulden touche the hemme of his clothing (3d)

    c. And (they) <u>besought</u> him, *that* they might onely touche the hemme of his garment (3d)

第 7 章　動詞補文の実証通時研究に際して　　　97

    d.　and (they) begged him *that* they might touch even the fringe of his cloak (3d)

(22)　Mt 5.34 (secgan, seien, say に注意)

    a.　Ic secge eow soþlice *þæt* ge eallunga ne swerion (3e)

    b.　But Y seie to ʒou, *that* ʒe swere not for ony thing (3e)

    c.　But I say vnto you, Sweare not at all

    d.　But I say to you, Do not swear at all

  (21)について，動詞 OE: biddan, ME: preien, EMnE: beseech, PE: beg は，第 10, 8 章より，節としては (3d) (3e) (1c) 補文のどれかを伴うことがわかる．(21)の場合 (3e) (1c) の可能性はない．語の数および文脈 (S の they: 土地の人々，節の主語 they: 病人) から「節の主語≠O」かつ「節の主語≠S」と判別でき，この文を O を伴う変則的な (3d) とみなすことができる．安易な解釈では (3e) または (1c) とみなす可能性がある．(22)について，a, b を一見すると，「命令系」動詞 secgan, seien の (3e) 補文とみなせるが，c, d の構文および文脈 (「発話系」動詞 say) から，a, b を (3e) と簡単にみなしてよいものか迷うところである．本書・第 10 章では，a, b を「命令系」動詞 secgan, seien の (3e) 補文としている．なお，動詞の意味分類については本書 104, 129 頁を参照されたい．

7.2.4　特異な例の取り扱い

  「注意すべき点：特異な例の取り扱い」とは，**一例として，現代英語における不定詞と現在分詞 ((3a) と (3b)) の意味論上の違いに関する原則が通時的に有効かという点である．**[2] 本言語資料には「現代英語の本原則が通時的に有効というわけではない」「時代によっては両準動詞の意味論上の違いは存在しない」と思わせるような例が少なからずみられる．両準動詞を伴う動詞は限られているが (主に知覚系)，本原則に関する通時研究はいまだ充分ではないように思われる．**本原則の通時的な解明は今後の研究課題とし，現在必要なことは，各時代の両準動詞の頻度を挙げる場合，別々に挙げるだけでなく，1 つにまとめた上でも挙げるという視点をもつことである．**「現代英語の本原則が通時的に有効というわけではない」「時代によっては両準動詞の意味論上の違いは存在しない」と思わせるような例を (23)-(30) に示す．例文に関する注は (5)-(10) の場合と同じである．

まずは,「現代英語の本原則が通時的に有効というわけではない」と思わせるような例を示す.(23)-(26)を参照されたい.

(23) Mt 20.3
    a. And þa he uteode embe undern tide: he <u>geseah</u> oþre on stræte idele *standan* (3a)
    b. And he ȝede out aboute the thridde our, and <u>say</u> othere *stondynge* idel in the chepyng (3b)
    c. And he went out about the third houre, and <u>saw</u> others *standing* idle in the market place (3b)
    d. When he went out about nine o'clock, he <u>saw</u> others *standing* idle in the marketplace (3b)

(24) Mk 6.33
    a. and <u>gesawon</u> hi *farende*: and hi gecneowon manega (3b)
    b. And thei <u>sayn</u> hem *go* awei, and many knewen (3a)
    c. And the people <u>saw</u> them *departing*, and many knew him (3b)
    d. Now many <u>saw</u> them *going* and recognized them (3b)

(25) Lk 12.54
    a. þonne ge <u>geseoð</u> þa lyfte *cumende* on westdæle. sona ge cweðað storm cymð and hit swa byð (3b)
    b. Whanne ȝe <u>seen</u> a cloude *risynge* fro the sunne goynge doun, anoon ȝe seien, Reyn cometh; and so it is don (3b)
    c. When ye <u>see</u> a cloud *rise* out of the West, straightway yee say, There commeth a showre, and so it is (3a)
    d. When you <u>see</u> a cloud *rising* in the west, you immediately say, 'It is going to rain'; and so it happens (3b)

(26) Mk 14.58
    a. Soðes we <u>gehyrdon</u> hine *secgan* (3a)
    b. For we han <u>herd</u> hym *seiynge* (3b)
    c. We <u>heard</u> him *say* (3a)
    d. We <u>heard</u> him *say* (3a)

(23)-(25)について,文脈から現代英語の立場では現在分詞が適切な形態で

第7章 動詞補文の実証通時研究に際して　　　99

あると思われるが，通時的に現在分詞で表現されているわけではない（(23a)
(24b)(25c)では不定詞）．(26)について，文脈から現代英語の立場では不定
詞が適切な形態であると思われるが，(26b)では現在分詞で表現されている．
(23)-(26)に，「現代英語の本原則が通時的に有効というわけではない」と思わ
せるような例をみる．
　次に，「現代英語の本原則が通時的に有効というわけではない」「時代に
よっては両準動詞の意味論上の違いは存在しない」と思わせるような例を示
す．(27)(28)を参照されたい．

(27)　Mt 24.15 ((27)(28)は同一内容)
　　a.　Ðonne ge geseoð þa onsceonunge þære toworpennysse þe se witega.
　　　　gecwæð daniel. þa he stod on haligre stowe
　　b.　Therfor whanne ȝe se the abhomynacioun of discomfort, that is
　　　　seid of Danyel, the prophete, *stondynge* in the hooli place (3b)
　　c.　When yee therefore shall see the abomination of desolation,
　　　　spoken of by Daniel the Prophet, *stand* in the holy place (3a)
　　d.　So when you see the desolating sacrilege *standing* in the holy place
　　　　(3b)
(28)　Mk 13.14 ((27)(28)は同一内容)
　　a.　Ðonne ge geseoð þære toworpednysse asceonunge *standan* þar heo
　　　　ne sceal: þonne ongyte se þe ræt: fleon þonne on muntas þa ðe synt
　　　　on iudea (3a)
　　b.　But whanne ȝe schulen se the abhomynacioun of discoumfort,
　　　　stondynge where it owith not; he that redith, vndurstonde; thanne
　　　　thei that be in Judee, fle in to hillis (3b)
　　c.　But when ye shall see the abomination of desolation spoken of by
　　　　Daniel the Prophet, *standing* where it ought not (let him that readeth
　　　　vnderstand) then let them that be in Iudea, flee to the mountains (3b)
　　d.　But when you see the desolating sacrilege *set* up where it ought not
　　　　to be (let the reader understand), then those in Judea must flee to
　　　　the mountains (3c)

　(27)(28)について，文脈から現代英語の立場では現在分詞または過去分詞

が適切な形態であると思われるが，通時的に現在分詞または過去分詞で表現されているわけではない（(27c)(28a)では不定詞）．(27)(28)に，「現代英語の本原則が通時的に有効というわけではない」と思わせるような例をみる．(27)(28)について説明を続ける．(27)(28)は同じ内容の文であるが，時代によっては問題箇所の表現形態が異なる．特に(27c)と(28c)に注目されたい（(3a)と(3b)）．(27)(28)に，「時代によっては両準動詞の意味論上の違いは存在しない」と思わせるような例をみる．

　最後に，「現代英語の本原則が通時的に有効というわけではない」「時代によっては両準動詞の意味論上の違いは存在しない」と思わせるような例を追加する．(29)(30)を参照されたい．

(29)　Lk 12.54 (=(25)) ((29)(30)はほぼ同一内容)
　　　a.　þonne ge geseoð þa lyfte *cumende* on westdæle. sona ge cweðað storm cymð and hit swa byð (3b)
　　　b.　Whanne ȝe seen a cloude *risynge* fro the sunne goynge doun, anoon ȝe seien, Reyn cometh; and so it is don (3b)
　　　c.　When ye see a cloud *rise* out of the West, straightway yee say, There commeth a showre, and so it is (3a)
　　　d.　When you see a cloud *rising* in the west, you immediately say, 'It is going to rain'; and so it happens (3b)
(30)　Lk 12.55 ((29)(30)はほぼ同一内容)
　　　a.　And þonne ge geseoð suðan *blawan* ge secgað þæt is towerd and hit byð (3a)
　　　b.　And whanne ȝe seen the south *blowynge*, ȝe seien, That heete schal be; and it is don (3b)
　　　c.　And when ye see the South wind *blow*, ye say, There will be heat, and it commeth to passe (3a)
　　　d.　And when you see the south wind *blowing*, you say, 'There will be scorching heat'; and it happens (3b)

　(29)(30)について，文脈から現代英語の立場では現在分詞が適切な形態であると思われるが，通時的に現在分詞で表現されているわけではない（(29c)(30a)(30c)では不定詞）．(29)(30)に，「現代英語の本原則が通時的

第 7 章　動詞補文の実証通時研究に際して　　101

に有効というわけではない」と思わせるような例をみる．(29)(30)について
説明を続ける．(29)(30)は同じ内容の文ではないが，天候を表す同種の内容
の文であり，また文脈の上でも連続している文である．「同一内容」の点で，
(29)(30)は(27)(28)と同列であると考えられる．しかし時代によっては問題
箇所の表現形態が異なる．特に(29a)と(30a)に注目されたい((3b)と(3a))．
(29)(30)に，「時代によっては両準動詞の意味論上の違いは存在しない」と思
わせるような例をみる．

7.3　結　び

　動詞補文の実証通時研究を進めるなか，その研究を行う上で「注意すべき
点」がいくつかあることに気づいた．本章では，本章の研究の意義を確認し
た上で，この「注意すべき点」を示し，それに対する対応案を提示した．次頁
の表に本章のまとめを記す．第8-10章の研究は，本章の成果を取り入れて行
われた研究である．

注

1)　Manabe (1989)に対してプラスと同時にマイナス評価をしているものに
　Denison (1993: 180)がある（'for a systematic comparison of *that*-clause and infin-
　itival complementation in Middle English see Manabe (1989), useful for data
　and numbers but otherwise unsatisfactory'）．'otherwise unsatisfactory'とは，ど
　のような意味であるのかについては記されていない．

2)　現代英語の原則については，Huddleston and Pullum (2002: 1205, 1236f.)，中
　島（編）(2001: 593-98)，Quirk et al. (1985: 1206)を参照されたい．

表　本章のまとめ

	注意すべき点	対応案
動詞の分類法	多義動詞の分類は適切かという点	研究者による言語資料ごとでの分類の再考が必要である.
研究対象とする動詞の範囲	研究対象とする動詞の範囲は適切かという点	たとえその時代または言語資料において不定詞補文を伴わないとしても，ある時代または言語資料において不定詞補文を伴うことがあれば，それらの動詞や同義の動詞をすべて研究対象とする必要がある.
構文の判別精度	動詞補文の分類は統語および文脈の上で適切かという点	研究書を参考にする際は，動詞補文がどのような枠組みで分類されているかを充分吟味する必要がある.　動詞補文の分類にあたっては，(大枠過ぎず)適切な枠組みでの分類，文脈を充分読み込んだ上の分類違いのない精確な分類が必要である.
特異な例の取り扱い	一例として，現代英語における不定詞と現在分詞((3a)と(3b))の意味論上の違いに関する原則が通時的に有効かという点	本原則の通時的な解明は今後の研究課題とし，現在必要なことは，各時代の両準動詞の頻度を挙げる場合，別々に挙げるだけでなく，1つにまとめた上でも挙げるという視点をもつことである.

第8章
「S＋Vt＋準動詞・節」の実証通時研究

8.1　序

　本章では，OE-PEの英語聖書四福音書を言語資料とする「S＋Vt＋準動詞・節」の実証通時研究の結果を記す．「S＋Vt＋準動詞・節」とその関連構文の詳細については，前章の(1)(2)およびその例文で紹介してある．前章の(1)(2)を本章の(1)(2)として再録する．本章の研究対象構文は(1)である．(2)については，(1)の研究時に必要に応じて言及することで充分である．

(1)　**S＋Vt＋準動詞・節**
　　a.　S＋Vt＋不定詞(不定詞の意味上の主語＝S)
　　b.　S＋Vt＋動名詞(動名詞の意味上の主語＝S)
　　c.　S＋Vt＋節(節の主語＝S，Vtはa, bのVtと同(類)，節の時制・法・相・態はa, bの準動詞に見合うもの)
(2)　**S＋Vi＋準動詞・節**
　　a.　S＋Vi＋不定詞(不定詞の意味上の主語＝S)
　　b.　S＋Vi＋節(節の主語＝S，Viはaの Viと同(類)，節の時制・法・相・態はaの不定詞に見合うもの)

　本研究の内容は次の2点である．①OE-PEの英語聖書四福音書を言語資料とする「S＋Vt＋準動詞・節」の通時調査の結果を示すこと，②調査結果にもとづく「S＋Vt＋準動詞・節」の通時考察の結果を示すことである．考察とは，「Vt」「準動詞・節」「時代」「頻度」「変遷」という重要語句を念頭におきながら調査結果を詳細に分析し，そこから「S＋Vt＋準動詞・節」の通時上重要な点を示すことである．

　次節以降の構成は次の通りである．8.2「調査結果」，8.3「考察結果」，8.4「結び」とする．なお，8.5「準動詞・節」として，8.2「調査結果」で提示される表1のすべての準動詞・節(伝章節)を提示する．

103

8.2 調査結果

　本節では，表とそれに関連する主な例文を提示することにより，OE-PEの英語聖書四福音書を言語資料とする「S + Vt + 準動詞・節」の通時調査の結果を示す．まずは，表の提示そしてその説明を行う．105-08頁の表1を参照し，その後以下の段落を読まれたい．

　表1について説明する．Vtの分類について，Vtは意味の上で分類してある．その分類は次の通りである．①意志・意図系，②願望・懇願系，③始動系，④継続系，⑤終止系，⑥約束系，⑦忘却・否定系，⑧恐怖系，⑨思考系,[1] ⑩必要・義務系，⑪他である.[2] このような分類の一例にVisser (1963-73: §§1174-371, 1771-92)がある．本分類は，Visser分類と重なるところも多いが，OE-PEの英語聖書四福音書を読み込んだ上の独自のものである．今後も継続した推敲を行いたい．「Vt^x」（例えば，secan^a）について，これは1つのVtが多義動詞である場合の表現形である．なお，表のスペースの都合上，準動詞・節のより詳細な統語・意味・形態論上の情報（受動態，be動詞，現在完了形，*to*の代わりの*for to*，thatの代わりのhow）を示していない．8.5「準動詞・節」を参照されたい．

第8章　「S + Vt + 準動詞・節」の実証通時研究　　　105

表1　S + Vt + 準動詞・節（①）

OE				ME					EMnE					PE			
Vt	U/I	C	T	Vt	to	G	C	T	Vt	to	G	C	T	Vt	to	G	C	T
cweðan[a]		1	1	enforcen	1			1	intend	1			1	choose	4			4
secan[a]	1/8	4	13	sechen[a]	19		1	20	seek[a]	16		1	17	claim	3			3
smeagan[a]		4	4	thinken	3			3	take (in hand)	1			1	dare	4			4
ðencan	1/	2	3						think[a]	1			1	decide	2			2
														intend	5			5
														plan	3			3
														plot	1			1
														presume	2			2
														resolve	2			2
														seek	2			2
														try[a]	16			16
														undertake	1			1
小計	2/8	11	21	小計	23		1	24	小計	19		1	20	小計	45			45

①

表1 S + Vt + 準動詞・節 (②〜④)

	OE				ME					EMnE					PE				
	Vt	U/I	C	T	Vt	to	G	C	T	Vt	to	G	C	T	Vt	to	G	C	T
	biddan		3	3	asken			1	1	beseech			1	1	beg			2	2
	gewilnian	2/1	1	4	coveiten	4			4	desire	12			12	demand	1			1
	giernan		1	1	desiren	2			2	hope	2			2	desire	4			4
	hopian		1	1	hopen	2			2	love	3			3	hope	2			2
	lufian		1	1	loven	2			2	pray			2	2	like	3			3
	secan[b]	2/	1	3	preien		1	3	3	seek[b]	4			4	long	3			3
	smeagan[b]		2	2	sechen[b]	6			6						love	4			4
	wilnian	1/1	1	3											try[b]	1			1
															want	34			34
															wish	13			13
②	小計	5/2	11	18	小計	16	1	4	20	小計	21		3	24	小計	65		2	67
	aginnan	10/		10	biginnen	76			76	begin	70			70	begin	91	3		94
	beginnan	1/		1											start	3	3		6
	onginnan	48/		48															
③	小計	59/		59	小計	76			76	小計	70			70	小計	94	6		100
					continuen		1		1	continue		1		1	continue	1	2		3
④					小計		1		1	小計		1		1	小計	1	2		3

第8章　「S＋Vt＋準動詞・節」の実証通時研究

表1　S＋Vt＋準動詞・節（⑤〜⑩）

	OE				ME					EMnE					PE				
	Vt	U/I	C	T	Vt	to	G	C	T	Vt	to	G	C	T	Vt	to	G	C	T
⑤	geswican	1/	1	2	cesen	2			2	cease	1			1	finish		5		5
										leave		1		1	stop		2		2
	小計	1/	1	2	小計	2			2	小計	1	1		2	小計		7		7
⑥	behatan	/2		2	bihoten	2			2	covenant	1			1	promise	2			2
	weddian	/1		1				1	1	promise	2			2					
	小計	/3		3	小計	2		1	3	小計	3			3	小計	2			2
⑦	forgietan		1	1	foryeten	2			2	forget	2			2	escape		1		1
	ofergietan		1	1						neglect	2			2	fail	4			4
															forget	2			2
															refuse	8			8
	小計		2	2	小計	2			2	小計	4			4	小計	14	1		15
⑧	ondrædan	/2		2	dreden	4			4	fear	2			2					
	小計	/2		2	小計	4			4	小計	2			2					
⑨	wenan		1	1	gessen	1			1	think[b]			1	1	think			1	1
	小計		1	1	小計	1			1	小計			1	1	小計			1	1
⑩					ouen	4			4						need	4			4
	小計				小計	4			4						小計	4			4

表1 S＋Vt＋準動詞・節 (⑪)

	OE				ME					EMnE					PE				
	Vt	U/I	C	T	Vt	to	G	C	T	Vt	to	G	C	T	Vt	to	G	C	T
⑪					putten	1			1						deserve	1			1
					setten	1			1						pretend	1			1
小 計		67/15				2			2							2			2
		82																	
総 計			26	108	総 計	132	1	5	138	総 計	120	2	5	127	総 計	227	16	3	246

第8章 「S + Vt + 準動詞・節」の実証通時研究　　　109

　次に，「S + Vt + 準動詞・節」の主な例文を(3)-(20)に示す．「Vtの分類（①
〜⑪）」「Vtの多義性（Vtˣ）」「(1a)-(1c)」「頁」を意識しながら，バランス良
く提示する．例文ではa: OE, b: ME, c: EMnE, d: PEとする．例文中の斜字
体・下線・i, j ((6)) は著者による．斜字体で準動詞・節，下線でVtを明確化
する．[　　]の記述は次節に関係するものであり，本節では無視されたい．

(3)　Jn 10.39（①）[OE→ME: C→inf.]
　　a.　Hig <u>smeadon</u> witodlice embe *þæt* hig woldon hine gefon and he
　　　　eode ut fram him (1c)
　　b.　Therfor thei <u>souȝten</u> *to take* hym, and he wente out of her hondis (1a)
　　c.　Therefore they <u>sought</u> againe *to take* him: but hee escaped out of
　　　　their hand (1a)
　　d.　Then they <u>tried</u> *to arrest* him again, but he escaped from their
　　　　hands (1a)
(4)　Mk 12.12（②）[OE→ME: C→inf.]
　　a.　Þa <u>smeadon</u> hi *þæt* hi gefengon hine and hi ondredon þa menigu (1c)
　　b.　And thei <u>souȝten</u> *to holde* hym, and thei dredden the puple (1a)
　　c.　And they <u>sought</u> *to lay* hold on him, but feared the people (1a)
　　d.　they <u>wanted</u> *to arrest* him, but they feared the crowd (1a)
(5)　Lk 22.31（②）[ME→EMnE: C→inf.]
　　a.　satanas <u>gyrnde</u> *þæt* he eow hridrude swa swa hwæte (1c)
　　b.　Satanas hath <u>axid</u> ȝou, *that* he schulde ridile as whete (1c)
　　c.　Satan hath <u>desired</u> *to haue* you, that he may fift you as wheat (1a)
　　d.　Satan has <u>demanded</u> *to sift* all of you like wheat (1a)
(6)　Lk 8.38（②）
　　a.　þa <u>bæd</u> hyne$_j$ se man$_i$ ðe se deofol of eode *þæt* he$_i$ mid him$_j$ wun-
　　　　ede (1c)
　　b.　And the man$_i$ of whom the deuelis weren gon out, <u>preide</u> hym$_j$,
　　　　that he$_i$ schulde be with hym$_j$ (1c)
　　c.　Now the man$_i$, out of whom the deuils were departed, <u>besought</u> him$_j$
　　　　that he$_i$ might be with him$_j$ (1c)
　　d.　The man$_i$ from whom the demons had gone <u>begged</u> *that* he$_i$ might
　　　　be with him$_j$[3] (1c)

(7) Mk 15.18 (③) [EMnE→PE: inf.→G]

    a. and <u>ongunnon</u> hine þus *gretan*: hal wes þu iudea cyning (1a)

    b. And thei <u>bigunnen</u> *to grete* hym, and seiden, Heile, thou kyng of Jewis (1a)

    c. And <u>beganne</u> *to salute* him, Haile King of the Iewes (1a)

    d. And they <u>began</u> *saluting* him, "Hail, King of the Jews!" (1b)

(8) Lk 7.38 (④) [EMnE→PE: Vt無→G]

    a. and cyste hys fet and mid sealfe smyrede

    b. and kiste hise feet, and anoyntide with oynement

    c. and kissed his feet, and anointed them with the oyntment

    d. Then she <u>continued</u> *kissing* his feet and anointing them with the ointment (1b)

(9) Lk 7.45 (⑤) [OE→ME: C→inf., EMnE→PE: inf.→G]

    a. þeos | syððan ic ineode. ne <u>geswac</u> *þæt* heo mine fet ne cyste (1c)

    b. but this, sithen sche entride, <u>ceesside</u> not *to kisse* my feet (1a)

    c. but this woman, since the time I came in, hath not <u>ceased</u> *to kisse* my feet (1a)

    d. but from the time I came in she has not <u>stopped</u> *kissing* my feet (1b)

(10) Lk 5.4 (⑤) [ME→EMnE: inf.→G]

    a. Ða he *sprecan* <u>geswac</u> he cwæþ to simone (1a)

    b. And as he <u>ceesside</u> *to speke*, he seide to Symount (1a)

    c. Now when he had <u>left</u> *speaking*, he said vnto Simon (1b)

    d. When he had <u>finished</u> *speaking*, he said to Simon (1b)

(11) Mk 14.11 (⑥)

    a. þa hi þis gehyrdon hi fahnodon and <u>beheton</u> him feoh *to syllanne* (1a)

    b. And thei herden, and ioyeden, and <u>bihiȝten</u> *to ȝyue* hym money (1a)

    c. And when they heard it, they were glad, and <u>promised</u> *to giue* him money (1a)

    d. When they heard it, they were greatly pleased, and <u>promised</u> *to give* him money (1a)

(12) Mk 8.14 (⑦) [OE→ME: C→inf.]

    a. and hi <u>ofergeton</u> *þæt* hi hlafas ne namon (1c)

第 8 章　「S + Vt + 準動詞・節」の実証通時研究　　　111

    b.　And thei for3aten *to take* breed (1a)

    c.　Now the disciples had <u>forgotten</u> *to take* bread (1a)

    d.　Now the disciples had <u>forgotten</u> *to bring* any bread (1a)

(13)　Mt 23.33 (⑦) [EMnE→PE: 他→G]

    a.　hu fleo ge fram helle dome

    b.　hou schulen 3e fle fro the doom of helle?

    c.　How can yee escape the damnation of hell?

    d.　How can you <u>escape</u> *being* sentenced to hell? (1b)

(14)　Mt 1.20 (⑧)

    a.　nelle þu <u>ondrædan</u> marian þine gemæccean *to onfonne* (1a)

    b.　nyle thou <u>drede</u> *to take* Marie, thi wijf (1a)

    c.　<u>feare</u> not *to take* vnto thee Mary thy wife (1a)

    d.　do not be afraid to take Mary as your wife

(15)　Jn 5.39 (⑨)

    a.　Smeageað halige gewritu forðam þe ge <u>wenað</u> *þæt* ge habbon ece lif on þam (1c)

    b.　Seke 3e scripturis, in which 3e <u>gessen</u> *to haue* euerlastynge lijf (1a)

    c.　Search the Scriptures, for in them ye <u>thinke</u> ye haue eternall life (1c)

    d.　You search the scriptures because you <u>think</u> *that* in them you have eternal life (1c)

(16)　Mt 3.14 (⑩)

    a.　Ic sceal fram þe beon gefullod. and cymst ðu to me

    b.　Y <u>owe</u> *to be* baptisid of thee, and thou comest to me? (1a)

    c.　I haue need to bee baptized of thee, and commest thou to me?

    d.　I <u>need</u> *to be* baptized by you, and do you come to me? (1a)

(17)　Lk 21.14 (⑪)

    a.　Ne sceole ge on eowrum heortum foresmeagan hu ge andswarian

    b.　Therfor <u>putte</u> 3e in 3oure hertis, not *to thenke* bifore, hou 3e schulen answere (1a)

    c.　Settle it therfore in your hearts, not to meditate before what ye shall answere

    d.　So make up your minds not to prepare your defense in advance

(18) Mt 21.41 (⑪)

    a. he . . . gesett hys wingerd mid oþrum

    b. and he schal <u>sette</u> *to hire* his vyneȝerd to othere erthetilieris (1a)

    c. He . . . will let out his Vineyard vnto other husbandmen

    d. He will . . . lease the vineyard to other tenants

(19) Lk 10.7 (⑪)

    a. Soðlice se wyrhta is his mede wyrðe

    b. for a werk man is worthi his hire

    c. For the labourer is worthy of his hire

    d. for the laborer <u>deserves</u> *to be* paid (1a)

(20) Lk 20.20 (⑪)

    a. Đa sendun hig mid searwum þa ðe [hi] rihtwise leton

    b. And thei aspieden, and senten aspieris, that feyneden hem iust

    c. And they watched him, and sent foorth spies, which should faine themselues iust men

    d. So they watched him and sent spies who <u>pretended</u> *to be* honest (1a)

表1とその関連例文は最小限の調査結果である．その他の調査結果としては，「すべての例文」「すべての変遷パターン」「すべての同一内容文」がある．「すべての変遷パターン」「すべての同一内容文」は，第2章・表の⑪a, bより導き出せる資料である．「すべての…」の提示は物理的に不可能であるため未提示とするが，それらは考察に際しての重要な調査結果（分析対象資料）である．なお，本節の追加として，8.5「準動詞・節」も参考とされたい．

8.3　考察結果

本節では，表の形で，調査結果にもとづく「S + Vt + 準動詞・節」の通時考察の結果を示す．調査結果とは，表1およびその背景にある言語事実を意味する．[4] 考察とは，「Vt」「準動詞・節」「時代」「頻度」「変遷」という重要語句を念頭におきながら調査結果を詳細に分析し，そこから「S + Vt + 準動詞・節」の通時上重要な点を示すことである．

考察結果を示す．提示されている調査結果を随時参照しながら表2とその後の説明を読まれたい．[5]

第8章 「S + Vt + 準動詞・節」の実証通時研究　　113

表2　考察結果（①〜⑤⑦）

	Vtの数	Vtの変化	動詞補文の分布	動詞補文の主な変遷	動詞補文の変遷特徴	動詞補文の変遷関係
①	EMnE→PE: 増加 大 (inf.を伴うVt増)	OE→EMnE: あり EMnE→PE: 大	OE: C, inf. ME, EMnE: inf., C PE: inf.	OE→ME: C→inf., 他 EMnE→PE: 他→inf.	inf.の増加大 Cの消滅	OE→MEでの「C→inf.」の変遷
②	EMnE→PE: 増加 大 (inf.を伴うVt増)	OE→ME: 大 ME→EMnE: あり EMnE→PE: 大	OE: C, inf. ME-PE: inf., C	OE→ME: C→inf. ME→EMnE: C→inf. (1例) EMnE→PE: 他→inf.	inf.の増加大 Cの減少	OE-EMnEの2変遷期での「C→inf.」の変遷
③	大きな増減なし	OE→EMnE: (実質)なし EMnE→PE: あり	OE-EMnE: inf. PE: inf., G	EMnE→PE: Vt無→inf., G; inf.→G	inf.の増加大 Gの出現	EMnE→PEでの「inf.→G」の変遷
④	ME→PE: 1 Vt	OE→ME: continuenの出現, 以降変化なし	ME, EMnE: G PE: G, inf.	EMnE→PE: Vt無→G, inf.	inf.の出現 Gの増加	
⑤	大きな増減なし	OE→PE: あり	OE: inf., C ME: inf. EMnE: inf., G PE: G	OE→ME: C→inf. ME→EMnE: inf.→G EMnE→PE: 他, inf.→G	inf., Cの消滅 Gの出現・増加	OE→MEでのC→inf.の変遷 ME-PEの2変遷期での「inf.→G」の変遷
⑦	EMnE→PE: 増加 大 (inf.を伴うVt増)	OE→EMnE: あり EMnE→PE: 大	OE: C ME, EMnE: inf. PE: inf., G	OE→ME: C→inf. EMnE→PE: 他→inf., G	inf.の増加大 Gの出現 Cの消滅	OE→MEでの「C→inf.」の変遷

表 2　考察結果（要点）

	Vtの数	Vtの変化	動詞補文の分布	動詞補文の主な変遷	動詞補文の変遷特徴	動詞補文の変遷関係
要点	Vtの状況はグループにより異なる	①②の類似 Vtと動詞補文の関連	①②の類似 ③〜⑤⑦のG OE: Gなし ①②⑤⑦のC	①②の類似 数グループ・数変遷期: inf.→G G→inf.: なし 数グループ・数変遷期: C→inf. C→G: なし 数グループ・1変遷期: Vt無→inf., G	グループにより, inf.の増加大・出現・消滅 グループにより, Gの出現・増加 グループにより, Cの減少・消滅	数グループ・数変遷期での「inf.→G」の変遷 数グループ・数変遷期での変遷 数グループ・1変遷期での「C→inf.」の変遷

本考察結果には多くの重要な点がまとめられている．「この中で特に重要な点は何か」と問われても，回答はできない．「S＋Vt＋準動詞・節」の通時研究に関してはさまざまな探究点があろうが，その探究点が示されてこそ回答が可能だからである．[6]

表2について説明する．⑥⑧〜⑪グループの考察結果がない理由について，⑥⑧⑩⑪グループは，動詞補文がすべて不定詞であり，特記する点がないためである．⑨グループは，注1)の理由から，他のグループと同じ扱いをしない方がよいためである．「Vtの数」「Vtの変化」について，動詞補文の通時研究者にとっては自明のことであるが，「Vtの変遷」は「動詞補文の変遷」と深く関わり合っている．[7] 本研究に直接関係がなくても，当然示すべき結果である．「動詞補文の主な変遷」について，ここには，高頻度の変遷ばかりでなく，頻度に関係なく注目すべき変遷も含まれている．「動詞補文の主な変遷」「動詞補文の変遷関係」は，注4)にもあるように，「すべての変遷パターン」より出る考察結果である．表記(区分二重線・下線)について，区分二重線は，「Vtの意味的なつながり（意味的な関連の深さ）」の点より，①〜⑤⑦グループを①②と③〜⑤と⑦に再グループ化するものである．結果的に，再グループ化内では動詞補文の変遷の点でも類似点がみられる．下線(例えば，①「動詞補文の分布」「ME, EMnE: inf., C」)は，複数表記されている動詞補文の中で一方が他方よりも相当に高い頻度であることを意味する．「他」「Vt無」について，「他」は，当該Vtの性質をもつ他構文を意味する．「Vt無」は，当該Vtの性質をもたない他構文を意味する．「他」「Vt無」の具体例は(8)(13)にみられるが，「Vt無」について追加説明をする．(21)-(24)とその前後の説明を読まれたい．(21)-(24)の例文に関する注は(3)-(20)の場合と同じである．

(21)(22)は③グループの例文である．「Vt無」は③グループに特に頻繁にみられる現象である．[8] (21)では「Vt無」はEMnEのみにみられ，(22)ではOE-EMnEにみられる．「Vt無」の高頻度は，begin系動詞のもつ性質に関係するのであろう．begin系動詞がなくても該当箇所の文脈を大きく損なうことはない．

(21)　Lk 15.28（③）［EMnE→PE: Vt無→inf.］
　　　a.　þa eode his fæder ut and <u>ongan</u> hine *biddan* (1a)
　　　b.　Therfor his fadir wente out, and <u>bigan</u> *to preye* hym (1a)

c. therefore came his father out, and intreated him

d. His father came out and began *to plead* with him (1a)

(22) Jn 5.16 (③) [EMnE→PE: Vt無→G]

a. forþam þa iudeas ehton þone hælend

b. Therfor the Jewis pursueden Jhesu

c. And therefore did the Iewes persecute Iesus

d. Therefore the Jews started *persecuting* Jesus (1b)

(23) (24)は④グループの例文である. このグループにも「Vt無」がみられる. やはりcontinue系動詞のもつ性質に関係するのであろう. continue系動詞がなくても該当箇所の文脈を大きく損なうことはない.

(23) Lk 7.38 (=(8)) (④) [EMnE→PE: Vt無→G]

a. and cyste hys fet and mid sealfe smyrede

b. and kiste hise feet, and anoyntide with oynement

c. and kissed his feet, and anointed them with the oyntment

d. Then she continued *kissing* his feet and anointing them with the ointment (1b)

(24) Jn 12.17 (④) [EMnE→PE: Vt無→inf.]

a. Seo menio þe wæs mid him . . . cyðde gewitnesse

b. Therfor the puple bar witnessyng, that was with hym

c. The people therefore that was with him . . . bare record

d. So the crowd that had been with him . . . continued *to testify* (1a)

③〜⑤グループのうち, ⑤グループには「Vt無」がみられない. stop系動詞のもつ性質に関係するのであろう. stop系動詞がないと該当箇所の文脈を大きく損なってしまう. ⑤グループの具体例は (9) (10)にみられる.

表2の説明の終わりとして,「動詞補文の主な変遷」に関する例文を提示する. 頁の都合上改めての提示はせず, (3)-(24)を参照されたい. すべてではないが, (3)-(24)の[ ]内に「動詞補文の主な変遷」が示されている.

8.4 結 び

　本章では，OE-PEの英語聖書四福音書を言語資料とする「S + Vt + 準動詞・節」の実証通時研究の結果（調査および考察）を記した．（最小限ではあるが）調査結果としては**表1**とそれに関連する主な例文の提示であり，考察結果としては**表2**の提示およびその説明である．調査結果の追加として，8.5「準動詞・節」も参考とされたい．考察結果について，本研究全体に渡って最も重要な探究点，すなわち準動詞・節の変遷特徴および準動詞と節の変遷関係を再度以下に記す．

不定詞の変遷特徴：グループにより，増加大・出現・消滅
動名詞の変遷特徴：グループにより，出現・増加
節の変遷特徴：グループにより，減少・消滅
不定詞と節の変遷関係：数グループ・数変遷期での「節→不定詞」の変遷

　第10章では，「S + V + O + 準動詞／S + V (+ O) + 節」の実証通時研究を扱う．その「結び」では，本章と共通する動詞補文である「不定詞」「節」に注目した考察も記したい．

注

1)　このグループで不定詞を伴う例はME gessenの1例のみである．この1例がラテン語の影響によるものと考えられる場合は，このグループは削除される．著者には，この文が「ラテン語の影響によるものかどうか」の精別はできないが，本指摘だけはしておきたい．参考までに，このグループの例文である本文(15) Jn 5.39のラテン語文((ia))とギリシア語・現代英語逐語訳文((ib))を挙げておく．(ib)の参照に際しては次の点を考慮されたい．'You° and your° indicates "you" and "your" plural.' (Douglas, ed. 1990: viii) なお，例文に関する注は，a, bを除き，本文(3)-(20)の場合と同じである．

　　(i)　Jn 5.39
　　　　a.　Scrutamini Scripturas, quia vos putatis in ipsis vitam aeternam *habere*
　　　　　　(1a)

b. You° search the scriptures, because you° <u>think</u> in them life eternal *to have* (1a)

　中英語聖書Wycliffite Bible (Later Version)は，ラテン語オリジナルを逐語訳したものではない（第2章・表・④b）．ラテン語の影響を無視することは避けねばならないが，Wycliffite Bible (Later Version)を言語資料として否定的にみることはないと考える．「英語聖書における外国語の影響」に関する著者の見解については第2章を参照されたい．

2)　OE-PEの英語聖書四福音書にみられる本文(2)のViを挙げておく．OE: efestan, geblissan; ME: gladen, shamen, striven, tarien; EMnE: rejoice, strive; PE: agree, conspire, rejoice, strive, wait（各時代アルファベット順）である．例文については前章の本文(6)を参照されたい．

3)　本言語資料（表1）では，PEのbegは(1c)補文のみを伴う動詞として観察されるが，小西（編）(1980: 115)・Huddleston and Pullum (2002: 1229)より，PEのbegは(1a)補文も伴う動詞であることがわかる．

4)　「その背景にある言語事実」とは，前節の本文・最終段落にある「すべての例文」「すべての変遷パターン」「すべての同一内容文」のことである．本文・表2の「動詞補文の主な変遷」「動詞補文の変遷関係」は「すべての変遷パターン」より出る考察結果である．

5)　表2にはU→*to*, I→*to*の考察結果までは含めていない．この点に関心のある研究者を想定し，「すべての変遷パターン」よりU→*to*, I→*to*の考察結果を容易に提示できる状態にはある．

6)　著者としては，次の3点が特に気に掛かる．①Cの分布・変遷状況，②C→inf. の主たる変遷期はOE→MEであるが，ME→EMnEに1例みられる点，③Gの分布・変遷状況である．

　①②について，同じ言語資料でも「S＋V＋O＋準動詞／S＋V（＋O）＋節」ではどのような変遷がみられるのか．第10章で明らかにする．

　③について，本章の結果をもとに，次章で「不定詞とは異なる動名詞特有の発達」について記す．

7)　「「Vtの変遷」は「動詞補文の変遷」と深く関わり合っている」例として，佐藤(2006)の第9章「「S＋V＋O＋不定詞」の発達とその要因について」の考察箇所を参照されたい．そこでは，第一発達要因として「借入語説」を展開している．

8)　③グループにおける「他」「Vt無」の頻度は，「他」: 15 (OE: 3, ME: 2, EMnE: 3, PE: 7)に対して，「Vt無」: 144 (OE: 54, ME: 38, EMnE: 43, PE: 9)である．

第 8 章 「S + Vt + 準動詞・節」の実証通時研究　　　119

8.5　準動詞・節

伝章節後の（　）内の表示について記す．be は be 動詞，*for to* は *for to* 不定詞，how は how 節，p は passive（形態上），現完は現在完了形を表す．現完の表示は不定詞の場合だけである．

表1　S + Vt + 準動詞・節

①OE

cweðan [C: 1]: Jn 19.7 (be).

secan[a] [U: 1]: Lk 17.33; [I: 8]: Lk 6.19, Jn 5.18, 7.19, 7.20, 7.25, 7.30, 8.37, 8.40; [C: 4]: Lk 13.24, 22.6 (how), Jn 11.8, 19.12 (how).

smeagan[a] [C: 4]: Mt 26.16, Mk 14.11 (how), Lk 19.47 (how), Jn 10.39.

ðencan [U: 1]: Lk 1.1; [C: 2]: Jn 11.53, 12.10.

①ME

enforcen [*to*: 1]: Lk 1.1.

sechen[a] [*to*: 19]: Lk 5.18, 6.19, 11.54, 13.24, 17.33, 19.3, 19.47, Jn 5.18, 7.1, 7.19, 7.20, 7.25, 7.30, 8.37, 8.40, 10.39, 11.8 (*for to*), 11.53 (*for to*), 19.12.; [C: 1]: Mk 14.11 (how).

thinken [*to*: 3]: Lk 20.11, 20.12, Jn 12.10.

①EMnE

intend [*to*: 1]: Lk 14.28.

seek[a] [*to*: 16]: Lk 6.19, 11.54, 13.24, 17.33, 19.3, 19.47, Jn 5.16, 5.18, 7.1, 7.25, 7.30, 8.37, 8.40, 10.39, 11.8, 19.12; [C: 1]: Mk 14.11 (how).

take (in hand) [*to*: 1]: Lk 1.1.

think[a] [*to*: 1]: Mt 3.9.

①PE

choose [*to*: 4]: Mt 11.27, 20.14, Lk 10.22, Jn 8.44.

claim [*to*: 3]: Jn 8.53 (be), 19.7 (be), 19.12 (be).

dare [*to*: 4]: Mt 22.46, Mk 12.34, Lk 20.40, Jn 21.12.

decide [*to*: 2]: Lk 1.3, Jn 1.43.

intend [*to*: 5]: Mk 6.48, Lk 10.1, 14.28, Jn 7.35a, 7.35b.

plan [*to*: 3]: Mt 1.19, Jn 11.53, 12.10.

plot [*to*: 1]: Mt 22.15.

presume [*to*: 2]: Mt 3.9, Lk 7.7.

resolve [*to*: 2]: Mt 1.20, Jn 7.17.

seek [*to*: 2]: Jn 5.18, 5.30.

try[a] [*to*: 16]: Mk 9.38, Lk 5.18, 6.19, 9.49, 13.24, 16.16, 17.33, 19.3, Jn 7.20, 7.25, 7.30, 8.40, 9.34, 10.39, 11.8, 19.12.

undertake [*to*: 1]: Lk 1.1.

②OE

biddan [C: 3]: Mk 5.18 (be), Lk 8.38 (be), Jn 19.38.

gewilnian [U: 2]: Lk 15.16, 22.15; [I: 1]: Mt 13.17; [C: 1]: Lk 17.22.

giernan [C: 1]: Lk 22.31.

hopian [C: 1]: Lk 23.8.

lufian [C: 1]: Mt 6.5.

secan[b] [U: 2] Mt 12.46, Lk 20.19; [C: 1]: Jn 7.4 (be).

smeagan[b] [C: 2]: Mk 12.12, Lk 9.9.

wilnian [U: 1]: Lk 23.8; [I: 1]: Mt 20.28; [C: 1]: Lk 16.21.

②ME

asken [C: 1]: Lk 22.31.

coveiten [*to*: 4]: Mt 13.17, Lk 15.16, 16.21 (p), 23.8.

desiren [*to*: 2]: Lk 17.22, 22.15.

hopen [*to*: 2]: Lk 6.34, 23.8.

loven [*to*: 2]: Mt 6.5, 23.7 (p).

preien [C: 3]: Mk 5.18 (be), Lk 8.38 (be), Jn 19.38.

sechen[b] [*to*: 6]: Mt 12.46, 21.46, Mk 12.12, Lk 9.9, 20.19, Jn 7.4 (be).

②EMnE

beseech [C: 2]: Lk 8.38 (be), Jn 19.38.

desire [*to*: 12]: Mt 12.46, 12.47, 13.17, Mk 9.35 (be), Lk 8.20, 9.9, 10.24, 16.21 (p), 17.22, 20.46, 22.15, 22.31.

hope [*to*: 2]: Lk 6.34, 23.8 (現完).

love [*to*: 3]: Mt 6.5, 23.7 (p), Mk 12.38.

pray [C: 1]: Mk 5.18 (be).

seek[b] [*to*: 4]: Mt 21.46, Mk 12.12, Lk 20.19, Jn 7.4 (p).

②PE

beg [C: 2]: Mk 5.18 (be), Lk 8.38 (be).

第 8 章 「S + Vt + 準動詞・節」の実証通時研究　　　121

demand [*to*: 1]: Lk 22.31.

desire [*to*: 4]: Mt 23.37, Lk 10.24, 13.34, 22.15.

hope [*to*: 2]: Lk 6.34, 23.8.

like [*to*: 3]: Mk 6.20, 12.38, Lk 20.46.

long [*to*: 3]: Mt 13.17, Lk 16.21, 17.22.

love [*to*: 4]: Mt 6.5, 23.6, Lk 11.43, 20.46 (p).

try[b] [*to*: 1]: Lk 9.9.

want [*to*: 34]: Mt 5.40, 5.42, 12.46, 12.47, 14.5, 15.32, 16.24, 16.25, 21.46, 27.43（*to*の
み）, Mk 6.19, 6.26, 8.34, 8.35, 9.35 (be), 12.12, Lk 1.62, 4.42, 8.20, 9.23, 9.24, 10.29,
13.31, 16.26, 20.19, 23.8, 23.20, Jn 5.6 (p), 6.21, 7.4 (p), 7.44, 9.27a, 9.27b, 16.19.

wish [*to*: 13]: Mt 12.38, 18.23, 19.17, 19.21 (be), 20.26 (be), 20.27 (be), Mk 10.43,
10.44 (be), 15.15, Jn 6.67, 7.1, 12.21, 21.18.

③OE

aginnan [U: 10]: Mt 24.49, Mk 6.7, 14.65, Lk 5.21, 12.45, 14.29, 14.30, 22.23, 23.2,
23.30.

beginnan [U: 1]: Lk 7.49.

onginnan [U: 48]: Mt 4.2, 4.17, 11.7, 11.20, 12.1, 16.21, 20.11, 22.15, 26.22, 26.37,
27.3, Mk 1.45, 2.23, 4.1, 5.18, 5.20, 6.2, 6.34, 8.11, 8.31, 8.32, 10.28, 10.32, 10.47,
11.15, 12.1, 13.4 (p), 13.5, 14.19 (be), 14.33, 14.69, 14.71, 14.72, 15.8, 15.18, Lk
3.8, 4.21, 7.15, 7.38, 11.38, 11.53, 13.26, 14.18, 15.24, 15.28, 19.37, 19.45, 20.9.

③ME

biginnen [*to*: 76]: Mt 4.17, 11.7, 11.20, 12.1, 14.30, 16.21, 16.22, 18.24, 24.49,
26.22, 26.37 (be), 26.74, 28.1, Mk 1.45, 2.23, 4.1, 5.17, 5.18, 5.20, 6.2, 6.7, 6.34,
6.55, 8.11, 8.25, 8.31, 8.32, 10.28, 10.32, 10.41, 10.47, 11.15, 12.1, 13.4 (p), 13.5,
14.19 (be), 14.33, 14.65, 14.69, 14.71, 14.72, 15.8, 15.18, Lk 3.8, 4.21, 5.21, 7.15,
7.24, 7.38, 7.49, 9.12, 11.29, 11.38, 11.53, 12.1, 12.45, 13.25, 13.26, 14.9, 14.18,
14.29, 14.30, 15.14, 15.24, 15.28, 19.37, 19.45, 20.9, 21.7 (p), 21.28 (p), 22.23,
23.2, 23.30, 23.54, Jn 4.47, 13.5.

③EMnE

begin [*to*: 70]: Mt 4.17, 11.7, 11.20, 12.1, 14.30, 16.21, 16.22, 18.24, 24.49, 26.22,
26.37 (be), 26.74, 28.1, Mk 1.45, 2.23, 4.1, 5.17, 5.20, 6.2, 6.7, 6.34, 6.55, 8.11,
8.31, 8.32, 10.28, 10.32, 10.41 (p), 10.47, 11.15, 12.1, 13.5, 14.19 (be), 14.33 (p),
14.65, 14.69, 14.71, 15.8, 15.18, Lk 3.8, 3.23 (be), 4.21, 5.7, 5.21, 7.15, 7.24, 7.38,

7.49, 9.12, 11.29, 11.53, 12.1, 12.45, 13.25, 13.26, 14.9, 14.18, 14.29, 14.30, 15.14 (be), 15.24 (be), 19.37, 19.45, 20.9, 21.28, 22.23, 23.2, 23.30, Jn 4.52, 13.5.

③ PE

begin [*to*: 91]: Mt 4.17, 5.2, 8.15, 11.7, 11.20, 12.1, 13.54, 14.30, 16.21, 16.22, 24.49, 26.16, 26.22, 26.37 (p), 26.74, Mk 1.28, 1.31, 1.45, 2.23, 4.1, 4.2, 5.17, 5.20, 5.42, 6.2, 6.7, 6.34, 6.55, 8.11, 8.31, 8.32, 10.28, 10.32, 10.41 (be), 10.47, 11.15, 12.1, 13.5, 14.11, 14.19 (p), 14.33 (p), 14.65, 14.69, 14.71, 15.8, Lk 1.64, 2.38, 3.8, 4.15, 4.21, 4.37, 4.39, 5.6, 5.7, 5.21, 7.15, 7.24, 7.38, 7.49, 11.29, 11.53 (be), 12.1, 12.45, 13.25, 13.26, 14.18, 14.29, 14.30, 15.14 (be), 15.24, 15.28, 19.7, 19.37, 19.45, 20.9, 21.28, 22.6, 22.23, 22.63, 23.2, 23.30, Jn 4.52, 5.9, 6.14, 6.41, 7.14, 8.2, 9.8, 9.15, 11.35, 13.5; [G: 3]: Mk 15.18, Lk 1.62, 13.13.

start [*to*: 3]: Lk 2.43, 2.44, 14.9; [G: 3]: Mt 14.29, 15.22, Jn 5.16.

④ ME

continuen [G: 1]: Lk 23.23.

④ EMnE

continue [G: 1]: Jn 8.7.

④ PE

continue [*to*: 1]: Jn 12.17; [G: 2]: Lk 4.44, 7.38.

⑤ OE

geswican [U: 1]: Lk 5.4; [C: 1]: Lk 7.45.

⑤ ME

cesen [*to*: 2]: Lk 5.4, 7.45.

⑤ EMnE

cease [*to*: 1]: Lk 7.45.

leave [G: 1]: Lk 5.4.

⑤ PE

finish [G: 5]: Mt 7.28, 11.1, 19.1, 26.1, Lk 5.4.

stop [G: 2]: Lk 7.45, Jn 2.16.

⑥ OE

behatan [I: 2]: Mt 14.7, Mk 14.11.

weddian [I: 1]: Lk 22.5.

⑥ ME

bihoten [*to*: 2]: Mt 14.7, Mk 14.11.

⑥EMnE

covenant [*to*: 1]: Lk 22.5.

promise [*to*: 2]: Mt 14.7, Mk 14.11.

⑥PE

promise [*to*: 2]: Mt 14.7, Mk 14.11.

⑦OE

forgietan [C: 1]: Mt 16.5.

ofergietan [C: 1]: Mk 8.14.

⑦ME

foryeten [*to*: 2]: Mt 16.5, Mk 8.14.

⑦EMnE

forget [*to*: 2]: Mt 16.5, Mk 8.14.

neglect [*to*: 2]: Mt 18.17a, 18.17b.

⑦PE

escape [G: 1]: Mt 23.33 (p).

fail [*to*: 4]: Mt 16.11, Mk 7.18, 8.18a, 8.18b.

forget [*to*: 2]: Mt 16.5, Mk 8.14.

refuse [*to*: 8]: Mt 2.18 (p), 18.17a, 18.17b, Mk 6.11, Lk 7.30 (p), 15.28, Jn 5.40, 19.10.

⑧OE

ondrædan [I: 2]: Mt 1.20, 2.22.

⑧ME

dreden [*to*: 4]: Mt 1.20, 2.22, Mk 9.32 (ME: 9.31), Lk 9.45.

⑧EMnE

fear [*to*: 2]: Mt 1.20, Lk 9.45.

⑨OE

wenan [C: 1]: Jn 5.39.

⑨ME

gessen [*to*: 1]: Jn 5.39.

⑨EMnE

think[b] [C: 1]: Jn 5.39.

⑨PE

think [C: 1]: Jn 5.39.

124　　　　　　英語準動詞・節の実証通時研究

⑩ME

ouen [*to*: 4]: Mt 3.14 (p), Lk 5.38 (p), 17.10, Jn 19.7.

⑩PE

need [*to*: 4]: Mt 3.14 (p), Lk 9.11 (p), Jn 13.10, 16.30.

⑪ME

putten [*to*: 1]: Lk 21.14.

setten [*to*: 1]: Mt 21.41.

⑪PE

deserve [*to*: 1]: Lk 10.7 (p).

pretend [*to*: 1]: Lk 20.20 (be).

第9章
不定詞とは異なる動名詞特有の発達

9.1 序

　現代英文法では不定詞と動名詞は共に動詞的性質をもつ準動詞に分類されるが，歴史的には必ずしもそうではない．不定詞はOEより準動詞に分類されるが，動名詞はそうではない．準動詞としての動名詞はOEには存在せず，ME以降徐々に発達する．[1]

　前章では，OE-PEの英語聖書四福音書を言語資料とする「S + Vt + 準動詞・節」の実証通時研究の結果を記した．本章では，この研究結果から改めて，不定詞とは異なる動名詞特有の発達を確認する．

　次節以降の構成は次の通りである．9.2「調査結果」，9.3「考察結果」，9.4「結び」とする．

9.2 調査結果

　本節では，「S + Vt + 準動詞・節」の実証通時研究の一面を再録する．まずは，(1)に「S + Vt + 準動詞・節」の分類，(2)にVtの分類，(3)に例文を示す．詳細は，8.1「序」，8.2「調査結果」を参照されたい．例文ではa: OE, b: ME, c: EMnE, d: PEとする．例文中の斜字体・下線は著者による．斜字体で準動詞・節，下線でVtを明確化する．

(1) **S + Vt + 準動詞・節**
　　a. S + Vt + 不定詞（不定詞の意味上の主語＝S）
　　b. S + Vt + 動名詞（動名詞の意味上の主語＝S）
　　c. S + Vt + 節（節の主語＝S，Vtはa, bのVtと同（類），節の時制・法・相・態はa, bの準動詞に見合うもの）
(2) Vtの分類（意味の上で）
　　①意志・意図系，②願望・懇願系，③始動系，④継続系，⑤終止系，⑥約束系，⑦忘却・否定系，⑧恐怖系，⑨思考系，⑩必要・義務系，

125

⑪他

(3) Lk 7.45（⑤）[OE→ME: C→inf., EMnE→PE: inf.→G]

   a. þeos | syððan ic ineode. ne <u>geswac</u> *þæt* heo mine fet ne cyste (1c)

   b. but this, sithen sche entride, <u>ceesside</u> not *to kisse* my feet (1a)

   c. but this woman, since the time I came in, hath not <u>ceased</u> *to kisse* my feet (1a)

   d. but from the time I came in she has not <u>stopped</u> *kissing* my feet (1b)

　次に，本章の考察に関連する前章の研究結果を示す（表）．この研究結果は，前章の調査結果より抽出した，本章の考察に必要最小限の準動詞・節の分布・変遷情報である．

表　本章の考察に関連する前章の研究結果

	頻　度
(a) 動名詞の分布	ME: 1（④） EMnE: 2（④⑤） PE: 16（③: 6，④: 2，⑤: 7，⑦: 1）
(b) 動名詞の前身	ME: 1の場合　他: 1 EMnE: 2の場合　不定詞: 1，他: 1 PE: 16の場合　不定詞: 2，動名詞: 1，他: 1； 　Vt無: 7，名詞: 5
(c)「節→不定詞」の変遷	OE→ME: 18（①: 7，②: 7，⑤: 1，⑦: 2，⑨: 1[2]） ME→EMnE: 1（②）
(d)「節→動名詞」の変遷	なし
(e)「不定詞→動名詞」の変遷	ME→EMnE: 1（⑤） EMnE→PE: 2（③: 1，⑤: 1）
(f)「動名詞→不定詞」の変遷	なし

　表について，若干の解説を加える．(a)-(f)を，内容上，3分割してある（(a) (b), (c) (d), (e) (f)）．(b) (c) (e)の頻度は，前章・表1, 2の背景にある言語事実（「すべての変遷パターン」）より導き出した結果である．(a) (c) (e)の例文として(3)を参照されたい．「Vt無」「他」については，前章・表2の後の説明箇所を参照されたい．

9.3 考察結果

　本節では，前節の表から改めて，不定詞とは異なる動名詞特有の発達を確認する．(4)に考察結果を示す．

(4) **考察結果**
　　a. 表の(a)より，動名詞のME以降の出現・増加を確認できる．
　　b. 表の(b)より，動詞的性質をもつとは言えない，多くの動名詞の前身例を確認できる（Vt無：7/19，名詞：5/19）．
　　c. 節は明確に動詞的性質を表す構造と言える．表の(c)(d)より，動名詞本来の非動詞的性質を確認できるのかもしれない．
　　d. 表の(e)(f)より，動名詞の歴史の浅さを確認できる．

9.4 結 び

　本章では，動名詞の一般的な歴史背景を紹介した後，前章「S + Vt + 準動詞・節」の実証通時研究の結果から改めて，不定詞とは異なる動名詞特有の発達を確認した．**表**および**(4)**がその詳細である．(4)は，動名詞特有の発達に関する一般見解の単なる上塗りではなく，そこには有益な指摘が含まれていると理解されましょう．特に，動名詞特有の発達の確認として，表の(c)(d)に言及することは斬新ではないか．表の(d)は新しい指摘ではないか．

注

1) 以上，現代英文法の点で江川（1991: xiv），不定詞の点で佐藤（2006: 58），すべてに渡って中尾・児馬（編著）（1990: 178-91）を参考とした．佐藤（2006: 58）は，各時代・各用法の不定詞の頻度を示す表である．この表では，頻度の差はあるものの，不定詞がOE-PEを通してほぼ同じ用法を有することがわかる．
2) 前章・注1)を参照されたい．

第10章
「S＋V＋O＋準動詞／S＋V(＋O)＋節」の実証通時研究

10.1 序

本章では，OE-PEの英語聖書四福音書を言語資料とする「S＋V＋O＋準動詞／S＋V(＋O)＋節」の実証通時研究の結果を記す．「S＋V＋O＋準動詞／S＋V(＋O)＋節」とその関連構文の詳細については，第7章の(3)(4)およびその例文で紹介してある．第7章の(3)(4)を本章の(1)(2)として再録する．本章の研究対象構文は(1)である．(2)については，(1)の研究時に必要に応じて言及することで充分である．

(1) **S＋V＋O＋準動詞／S＋V(＋O)＋節**
 a. S＋V＋O＋不定詞（不定詞の意味上の主語＝O）
 b. S＋V＋O＋現在分詞（現在分詞の意味上の主語＝O）
 c. S＋V＋O＋過去分詞（過去分詞の意味上の主語＝O）
 d. S＋V＋節（節の主語≠S，Vはa-cのVと同（類），節の時制・法・相・態はa-cの準動詞に見合うもの）
 e. S＋V＋O＋節（節の主語＝O，Vはa-cのVと同（類），節の時制・法・相・態はa-cの準動詞に見合うもの）

(2) **S＋V＋準動詞**
 a. S＋V＋不定詞（不定詞の意味上の主語≠S）
 b. S＋V＋動名詞（動名詞の意味上の主語≠S）

本研究の内容は次の2点である．①OE-PEの英語聖書四福音書を言語資料とする「S＋V＋O＋準動詞／S＋V(＋O)＋節」の通時調査の結果を示すこと，②調査結果にもとづく「S＋V＋O＋準動詞／S＋V(＋O)＋節」の通時考察の結果を示すことである．考察とは，「V」「準動詞・節」「時代」「頻度」「変遷」という重要語句を念頭におきながら調査結果を詳細に分析し，そこから「S＋V＋O＋準動詞／S＋V(＋O)＋節」の通時上重要な点を示すことである．

第 10 章 「S + V + O + 準動詞／S + V (+ O) + 節」の実証通時研究　　129

　次節以降の構成は次の通りである．10.2「調査結果」，10.3「考察結果」，10.4
「結び」とする．なお，10.5「準動詞・節」として，10.2「調査結果」で提示さ
れる表1のすべての準動詞・節（伝章節）を提示する．

10.2　調査結果

　本節では，表とそれに関連する主な例文を提示することにより，OE-PEの
英語聖書四福音書を言語資料とする「S + V + O + 準動詞／S + V (+ O) + 節」
の通時調査の結果を示す．まずは，表の提示そしてその説明を行う．130-35
頁の表1（見開きでOE-PE）を参照し，その後以下の段落を読まれたい．
　表1について説明する．Vの分類について，Vは意味の上で分類してある．
その分類は次の通りである．①知覚系，②使役系，③強制・説得・必要系，
④命令系，[1] ⑤教示系，⑥依頼・懇願系，[2] ⑦許可系，⑧思考系，⑨発話系，[3]
⑩願望系[4]である．[5] このような分類の一例にVisser (1963-73: §§2058-128)が
ある．本分類は，Visser分類と重なるところも多いが，OE-PEの英語聖書
四福音書を読み込んだ上の独自のものである．今後も継続した推敲を行いた
い．[6] 参考までに，①〜⑩グループのVがもつ統語上の性質を示す．①〜⑩
は3つ（①，②〜⑦，⑧〜⑩）に再グループ化される．①：SVOC, SVO性質
（非SVOO性質）；②〜⑦：SVOC, SVOO, SVO性質，③④⑥は強SVOO性
質，④と⑥は類似；⑧〜⑩：SVOC, SVO性質（非SVOO性質），OE, MEに
ラテン語の影響かと思われる不定詞がみられる（例として，注3) 4)）．また，
①〜⑩のSVOO性質の強弱・有無を示す．④⑥＞③＞⑤＞⑦＞②＞①⑧〜⑩
（強＞弱，有＞無）である．表記（区分二重線）について，区分二重線は上記3
つへの再グループ化を区分するものである．「Vˣ」（例えば，gemetan[a]）につ
いて，これは1つのVが多義動詞である場合の表現形である．C1, C2につい
て，C1=(1d)補文，C2=(1e)補文を意味する．なお，表のスペースの都合上，
Vのより詳細な統語情報（受動態）および準動詞・節のより詳細な統語・意
味・形態論上の情報（受動態，be動詞，現在完了形，現在進行形，Paの自・
他動詞，IOに +to, vnto, thatの代わりのhow, −thatなど）を示していない．
10.5「準動詞・節」を参照されたい．

表1　S + V + O + 準動詞／S + V (+ O) + 節 (①～③)

	OE						ME						
	V	U/I	Pr	Pa	C1	C2	T	V	B/*to*	Pr	Pa	C1	C2	T
①	findan	1/	5	1			7	biholden		1		1		2
	gemetan[a]		9	8			17	finden[a]		16	9			25
	geseon	18/	44	5	7		74	sen[a]	4/4	62	10	4	1	85
	gehieran	1/	4	1	2		8	heren		5	1	1		7
	小　計	20/	62	15	9		106	小　計	4/4	84	20	6	1	119
②	don[a]				8	1	9	haven[a]		2	9			11
	forlætan		1	1		2	4	leten	6/					6
	habban[a]		2	7			9	leven	/1	2				3
	lætan[a]	3/	1				4	maken[a]	6/6	1	7	1		21
								sufferen[a]				1		1
	小　計	3/	4	8	8	3	26	小　計	12/7	5	16	2		42
③	geniedan				1		1	compellen	/2					2
	hatan[a]	1/				1	1	constreinen	/2					2
	læran[a]				1		1	counseilen					1	1
	niedan	1/			2		3	maken[b]	/1					1
	小　計	2/			4		6	小　計	/5				1	6

第 10 章 「S + V + O + 準動詞／S + V (+ O) + 節」の実証通時研究　　131

EMnE							PE						
V	B/*to*	Pr	Pa	C1	C2	T	V	B/*to*	Pr	Pa	C1	C2	T
behold	1/		1	1		3	find[a]		11	10			21
find		11	9			20	notice				1		1
see	15/1	47	10	3	1	77	see	4/	54	9	7		74
							watch	2/	1				3
hear	4/	1	1	2		8	hear	4/	4	1			9
小　計	20/1	59	21	6	1	108	小　計	10/	70	20	8		108
cause	/4			1		5	cause	/9					9
have	1/1	2	12			16	get	/1					1
leave	/1		1			2	have	11/	1	16			28
let[a]	68/	1				69	leave	/1		1			2
make	6/5		6			17	let[a]	53/					53
							make[a]	10/1		10			21
小　計	75/11	3	19	1		109	小　計	74/12	1	27			114
compel	/4					4	compel	/3					3
constrain	/2					2	force	/1					1
need				2		2	make[b]	2/					2
persuade					1	1	need	/1					1
provoke	/1					1	persuade	/1					1
							stir (up)	/1					1
小　計	/7			2	1	10	小　計	2/7					9

132　英語準動詞・節の実証通時研究

表1　S + V + O + 準動詞／S + V (+ O) + 節 (④〜⑥)

	OE						ME					
	V	U/I	Pr	Pa	C1	C2	T	V	B/*to*	Pr	Pa	C1	C2	T
④	bebeodan				3	9	12	bekenen					1	1
	beodan				2	8	10	bidden	1/					1
	biecnan					1	1	blamen					2	2
	cweðan[a]				1	1	2	chargen					1	1
	cyðan					1	1	commaunden	/10			5	12	27
	don[b]				1		1	forbeden	/1					1
	forbeodan	1/			1	1	3	maken[c]				1		1
	hatan[b]	6/					6	manacen					1	1
	secgan[a]				1	4	5	putten					1	1
	settan					1	1	seien[a]				3	4	7
	ðreagan					1	1	tellen					1	1
								threten					1	1
	小　計	7/			9	27	43	小　計	1/11			9	24	45
⑤	ætiewan					1	1	sheuen	/2					2
	gesweotolian	/1					1	techen	/2					2
	læran[b]	1/			1		2							
	小　計	1/1			1	1	4	小　計	/4					4
⑥	biddan				10	19	29	asken	/1			1		2
	gebiddan					1	1	bisechen					1	1
	halsian					3	3	conjuren					2	2
	secgan[b]					2	2	preien	/4			6	16	26
								seien[b]					2	2
	小　計				10	25	35	小　計	/5			7	21	33

	EMnE							PE					
V	B/*to*	Pr	Pa	C1	C2	T	V	B/*to*	Pr	Pa	C1	C2	T
beckon					2	2	appoint	/2					2
bid	3/				1	4	command	/11					11
charge	1/1			1	8	11	direct	/1					1
command	/16			4	2	22	forbid	/1					1
forbid	/2				2	2	order	/25			2		27
ordain	/1				2	3	set	/1					1
rebuke					1	1	signal	/1					1
speak[a]				1	1	2	tell	/6					6
tell					1	1							
小　計	4/20			6	18	48	小　計	/48			2		50
teach	/2					2	teach	/3					3
warn	/2				1	3	warn	/3					3
小　計	/4				1	5	小　計	/6					6
adjure					2	2	ask	/14					14
beseech	2/5			4	9	20	beg	/13			2		15
desire	/1				2	3	demand				1		1
pray	3/1			1	4	9	invite	/1					1
require				1		1							
speak[b]				1		1							
小　計	5/7			6	18	36	小　計	/28			3		31

表1　S + V + O + 準動詞／S + V (+ O) + 節 (⑦〜⑩)

	OE							ME						
	V	U/I	Pr	Pa	C1	C2	T	V	B/*to*	Pr	Pa	C1	C2	T
⑦	aliefan	1/1					2	graunten					1	1
	geðafian				5		5	sufferen[b]	2/16			5		23
	lætan[b]	10/			1		11							
	liefan	1/1			1		3							
	ðafian				1		1							
	小　計	12/2			8		22	小　計	2/16			5	1	24
⑧	gemetan[b]		1				1	finden[b]		2				2
	habban[b]					1	1	gessen	/2			2		4
	wenan				5		5	haven[b]					1	1
								sen[b]	/1					1
	小　計		1		5	1	7	小　計	/3	2		2	1	8
⑨	cweðan[b]				1		1	condempnen	/1					1
	secgan[c]	1/			9		10	demen	/1					1
								seien[c]	/3			8		11
	小　計	1/			10		11	小　計	/5			8		13
⑩	lufian				1		1	willen				27		27
	willan	1/			23		24							
	小　計	1/			24		25	小　計				27		27
	総　計	47/3 / 50	67	23	84	61	285	総　計	19/60 / 79	91	36	66	49	321

EMnE							PE						
V	B/*to*	Pr	Pa	C1	C2	T	V	B/*to*	Pr	Pa	C1	C2	T
grant					1	1	allow	/8					8
let[b]	8/					8	grant	/2					2
suffer	/16			1		17	let[b]	19/					19
							permit	/2					2
let[c]	21/					21	let[c]	19/					19
小　　計	29/16			1	1	47	小　　計	38/12					50
account	/1					1	assume				1		1
count				1		1	find[b]	/2					2
suppose	/2					2	suppose	/1					1
小　　計	/3			1		4	小　　計	/3			1		4
condemn	/1					1	confess	/1					1
confess				1		1	say	/1			10		11
say				11		11							
小　　計	/1			12		13	小　　計	/2			10		12
will				22		22	want	/19		1			20
							wish	/1					1
小　　計				22		22	小　　計	/20		1			21
総　　計	133/70 203	62	40	56	41	402	総　　計	124/138 262	71	48	24		405

次に,「S＋V＋O＋準動詞／S＋V（＋O）＋節」の主な例文を(3)-(30)に示す.「Vの分類（①〜⑩）」「Vの多義性（Vˣ）」「(1a)-(1e)」「頁」を意識しながら,バランス良く提示する.例文ではa: OE, b: ME, c: EMnE, d: PEとする.例文中の斜字体・下線・(he)((11c)(11d))は著者による.斜字体で準動詞・節,下線でVを明確化する.伝章節後の［　］の記述は次節に関係するものであり,本節では無視されたい.

(3) Mk 14.62（①／標準的）［規則的な変遷はない］

    a. and ge geseoð mannes sunu on swyðran healfe *sittan* þæs mægenes (1a)

    b. and ȝe schulen se mannus sone *sittynge* on the riȝthalf of the vertu of God (1b)

    c. and yee shall see the sonne of man *sitting* on the right hand of power (1b)

    d. and 'you will see the Son of Man *seated* at the right hand of the Power,' (1c)

(4) Jn 11.31（①／ME, EMnEに非SVOO性質の(1e), (24)を参照）［規則的な変遷はない］

    a. hig gesawon *þæt* maria aras and mid ofste uteod[e] (1d)

    b. thei sayn Marie, *that* sche roos swithe, and wente out (1e)

    c. they saw Mary *that* she rose vp hastily, and went out (1e)

    d. The Jews . . . saw Mary *get up* quickly and go out (1a)

(5) Mt 15.31（①／EMnEに *to*-inf.）［規則的な変遷はない］

    a. þa mænegu . . . geseonde. dumbe *specende* (1b)

    b. the puple . . . seynge doumbe men *spekynge* (1b)

    c. they saw the dumbe *to speake* (1a)

    d. they saw the mute *speaking* (1b)

(6) Lk 9.14（②／標準的）［OE→ME: C1→inf.］

    a. Doþ *þæt* hig sitton. þurh gebeorscypas fiftegum (1d)

    b. Make ȝe hem *sitte* to mete bi cumpanyes, a fifti to gidir (1a)

    c. Make them *sit* downe by fifties in a company (1a)

    d. Make them *sit* down in groups of about fifty each (1a)

第 10 章 「S + V + O + 準動詞／S + V (+ O) + 節」の実証通時研究　　137

(7) Mk 1.17(②／OE の (1e) は弱 SVOO 性質, ME, EMnE に *to*-inf.) [OE
　　→ME: C2→inf.]
　　a. cumað æfter me and ic <u>do</u> inc *þæt* gyt beoð sawla onfonde (1e)
　　b. Come ȝe aftir me; Y schal <u>make</u> ȝou *to be* maad fisscheris of men
　　　 (1a)
　　c. Come ye after me; and I will <u>make</u> you *to become* fishers of men
　　　 (1a)
　　d. Follow me and I will <u>make</u> you *fish* for people (1a)

(8) Mt 5.31 (②／EMnE, PE に let^a) [ME→EMnE: 他→let^a の inf.]
　　a. swa hwylc swa his wif forlæt. he sylle hyre. hyra hiwgedales boc
　　b. Who euere leeueth his wijf, ȝyue he to hir a libel of forsakyng
　　c. Whosoeuer shall put away his wife, <u>let</u> him *giue* her a writing of
　　　 diuorcement (1a)
　　d. Whoever divorces his wife, <u>let</u> him *give* her a certificate of divorce
　　　 (1a)

(9) Mt 27.32 (③／標準的) [OE→ME: C2→inf.]
　　a. Þone hig <u>nyddon</u> *þæt* he bære hys rode (1e)
　　b. thei <u>constreyneden</u> hym *to take* his cross (1a)
　　c. him they <u>compelled</u> *to beare* his Crosse (1a)
　　d. they <u>compelled</u> this man *to carry* his cross (1a)

(10) Mt 27.20 (③／強 SVOO 性質) [EMnE→PE: C2→inf.]
　　a. Ða <u>lærndon</u> þæra sacerda ealdras and þa hlafordas þæt folc *þæt*
　　　 hig bædon barrabban and þone hælyn fordydon (1e)
　　b. Forsothe the prince of prestis, and the eldere men <u>counseiliden</u> the
　　　 puple, *that* thei schulden axe Barabas, but thei schulden distrye
　　　 Jhesu (1e)
　　c. But the chiefe Priestes and Elders <u>perswaded</u> the multitude *that*
　　　 they should aske Barabbas, & destroy Iesus (1e)
　　d. Now the chief priests and the elders <u>persuaded</u> the crowds *to ask*
　　　 for Barabbas and to have Jesus killed (1a)

(11) Jn 2.25 (③／EMnE に異質 C1)
　　a. him næs nan þearf þæt ænig man sæde gewitnesse be men (第3章
　　　 の (c2f))

b. it was not nede to hym, that ony man schulde bere witnessing（第3章の(c5g)）

c. (he) <u>needed</u> not *that* any should testifie of man (1d)

d. (he) <u>needed</u> no one *to testify* about anyone (1a)

(12) Mk 7.36（④／標準的）［EMnE→PE: C2→inf.］

　　a. And he <u>bead</u> him *þæt* hi hit nanum men ne sædon (1e)

　　b. And he <u>comaundide</u> to hem, *that* thei schulden seie to no man (1e)

　　c. And hee <u>charged</u> them *that* they should tell no man (1e)

　　d. Then Jesus <u>ordered</u> them *to tell* no one (1a)

(13) Lk 9.21（④／SVOC性質）［ME→EMnE: C1→inf.］

　　a. Ða þreade he hig and <u>bead</u> *þæt* hig hit nanum men ne sædon (1d)

　　b. And he blamynge hem <u>comaundide</u> *that* thei schulden seie to no man (1d)

　　c. And he straitly charged them, and <u>commanded</u> them *to tell* no man that thing (1a)

　　d. He sternly <u>ordered and commanded</u> them not *to tell* anyone (1a)

(14) Mt 27.64（④／b-dでのSVO性質，受動態）［EMnE→PE: C1→inf.］

　　a. <u>hat</u> nu *healdan* þa byrgene oð þone þryddan dæg (2a)

　　b. Therfor <u>comaunde</u> thou, *that* the sepulcre be kept in to the thridde dai (1d)

　　c. <u>Command</u> therefore *that* the sepulchre be made sure, vntill the third day (1d)

　　d. Therefore <u>command</u> the tomb *to be* made secure until the third day (1a)

(15) Mt 28.20（⑤／標準的）［OE→ME: C1→inf.］

　　a. and <u>lærað</u> *þæt* hig healdon ealle þa ðing þe ic eow bebead (1d)

　　b. <u>techynge</u> hem *to kepe* alle thingis, what euer thingis Y haue co-maundid to ȝou (1a)

　　c. <u>Teaching</u> them *to obserue* all things, whatsoeuer I haue commanded you (1a)

　　d. and <u>teaching</u> them *to obey* everything that I have commanded you (1a)

第 10 章 「S + V + O + 準動詞／S + V (+ O) + 節」の実証通時研究　　139

(16) Lk 3.7 (⑤／標準的) [OE→ME: C2→inf.]

    a.　hwa <u>ætywde</u> eow *þæt* ge fleon fram þam towerdan yrre (1e)

    b.　who <u>schewide</u> to ʒou *to fle* fro the wraththe to comynge? (1a)

    c.　who hath <u>warned</u> you *to flee* from the wrath to come? (1a)

    d.　Who <u>warned</u> you *to flee* from the wrath to come? (1a)

(17) Mt 2.12 (⑤／EMnE に C2) [EMnE→PE: C2→inf.]

    a.　And hi afengon andsware on swefnum þæt hi eft to herode ne hwyrfdon. ac hi on oðerne weg on hyra rice ferdon

    b.　And whanne thei hadden take an aunswere in sleep, that thei schulden not turne aʒen to Eroude, thei turneden aʒen bi anothir weie in to her cuntrey

    c.　And <u>being warned</u> of God in a dreame, *that* they should not returne to Herode, they departed into their owne countrey another way (1e)

    d.　And <u>having been warned</u> in a dream not *to return* to Herod, they left for their own country by another road (1a)

(18) Mk 5.10 (⑥／標準的) [EMnE→PE: C2→inf.]

    a.　and he hine swyðe <u>bæd</u> *þæt* he hine of þam rice ne dyde (1e)

    b.　And he <u>preiede</u> Jhesu myche, *that* he schulde not putte hym out of the cuntrei (1e)

    c.　And hee <u>besought</u> him much, *that* he would not send them away out of the countrey (1e)

    d.　He <u>begged</u> him earnestly not *to send* them out of the country (1a)

(19) Lk 23.23 (⑥／SVO 性質, 受動態)

    a.　And hig astodon and mycelre stefne <u>bædon</u> *þæt* he wære ahangen (1d)

    b.　And thei contynueden with greet voicis <u>axynge</u>, *that* he schulde be crucified (1d)

    c.　And they were instant with loud voyces, <u>requiring</u> *that* he might be crucified (1d)

    d.　But they kept urgently <u>demanding</u> with loud shouts *that* he should be crucified (1d)

(20) Mt 7.4 (⑦／標準的) [ME→EMnE: C1→inf.]

    a.　<u>þafa</u> *þæt* ic ut ado þæt mot of þinum eagan (1d)

b. <u>suffre</u> I schal do out a mote fro thin iʒe (1d)

c. <u>Let</u> mee *pull* out the mote out of thine eye (1a)

d. <u>Let</u> me *take* the speck out of your eye (1a)

(21) Mk 10.37 (⑦／ME, EMnE に C2) [EMnE→PE: C2→inf.]

  a. Syle unc þæt wyt sitton on þinon wuldre: an on þine swyðran healfe and oþer on þine | wynstran

  b. <u>Graunte</u> to vs, *that* we sitten the toon at thi riʒthalf, and the tother at thi left half, in thi glorie (1e)

  c. <u>Grant</u> vnto vs *that* wee may sit, one on thy right hand, and the other on thy left hand, in thy glory (1e)

  d. <u>Grant</u> us *to sit*, one at your right hand and one at your left, in your glory (1a)

(22) Mt 21.38 (⑦／EMnE, PE に letᶜ) [ME→EMnE: 他→letᶜ の inf.]

  a. Ðes ys yrfenuma uton gan and ofslean hyne and habban us hys æhta

  b. This is the eire; come ʒe, sle we hym, and we schulen haue his eritage

  c. This is the heire, come, <u>let</u> vs *kill* him, and let vs sease on his inheritance (1a)

  d. This is the heir; come, <u>let</u> us *kill* him and get his inheritance (1d)

(23) Jn 20.15 (⑧／標準的) [ME→EMnE: C1→inf.]

  a. heo <u>wende</u> *þæt* hit se wyrtweard wære and cwæð to him (1d)

  b. She <u>gessynge</u> *that* he was a gardynere, seith to him (1d)

  c. She <u>supposing</u> him *to be* the gardiner, saith vnto him (1a)

  d. <u>Supposing</u> him *to be* the gardener, she said to him (1a)

(24) Mk 11.32 (⑧／OE-EMnE に非 SVOO の(1e), (4)を参照)

  a. we ondrædaþ þis folc: ealle hi <u>hæfdon</u> iohannem *þæt* he ‵wære′ soðlice witega (1e)

  b. we dreden the puple; for alle men <u>hadden</u> Joon, *that* he was verili a prophete (1e)

  c. they feared the people: for all men <u>counted</u> Iohn, *that* he was a Prophet indeed (1e)

  d. they were afraid of the crowd, for all regarded John as truly a prophet

第 10 章　「S + V + O + 準動詞／S + V (+ O) + 節」の実証通時研究　141

(25)　Mk 14.64（⑨／標準的）[OE→ME: C1→inf.]

    a.　Ða hyrwdon hi ealle hine and cwædon *þæt* he wære deaðes scyldig (1d)

    b.　And thei alle condempneden hym *to be* gilti of deeth (1a)

    c.　And they all condemned him *to be* guilty of death (1a)

    d.　All of them condemned him as deserving death

(26)　Lk 24.23（⑨／OEにラテン語の影響か）

    a.　hig gesawun engla gesihðe. þa secgað hine | *lybban* (1a)

    b.　thei syen also a siȝt of aungels, whiche seien, *that* he lyueth (1d)

    c.　they had also seene a vision of Angels, which saide *that* he was aliue (1d)

    d.　they had indeed seen a vision of angels who said *that* he was alive (1d)

(27)　Lk 20.41（⑨／MEにラテン語の影響か）

    a.　Hwi secgað hig *þæt* crist sy dauides sunu (1d)

    b.　How seien men, Crist *to be* the sone of Dauid (1a)

    c.　How say they *that* Christ is Dauids sonne? (1d)

    d.　How can they say *that* the Messiah is David's son? (1d)

(28)　Lk 1.36（⑨／PEに 'S + be + said + *to*-inf.'）

    a.　and þe monað ys hyre sixta. seo is unberende genemned

    b.　and this moneth is the sixte to hir that is clepid bareyn

    c.　and this is the sixt moneth with her, who was called barren

    d.　and this is the sixth month for her who was said *to be* barren (1a)

(29)　Mt 13.28（⑩／標準的）[EMnE→PE: C1→inf.]

    a.　wylt þu we gað and gadriað hig (1d)

    b.　Wolt thou *that* we goon, and gaderen hem? (1d)

    c.　Wilt thou then *that* we goe and gather them vp? (1d)

    d.　Then do you want us *to go* and gather them? (1a)

(30)　Lk 1.62（⑩／OEにラテン語の影響か）

    a.　Ða bicnodon hi to hys fæder hwæt he wolde hine genemnedne *beon* (1a)

    b.　And thei bikeneden to his fadir, what he wolde *that* he were clepid (1d)

c. And they made signes to his father, how he would <u>haue</u> him *called*（②の(1c)）

d. Then they began motioning to his father to find out what name he <u>wanted</u> *to give* him（第8章の(1a)）

　表1とその関連例文は最小限の調査結果である．その他の調査結果としては，「すべての例文」「すべての変遷パターン」「すべての同一内容文」がある．「すべての変遷パターン」「すべての同一内容文」は，第2章・表の⑪a, bより導き出せる資料である．「すべての例文」「すべての変遷パターン」「すべての同一内容文」の提示は物理的に不可能であるため未提示とするが，それらは考察に際しての重要な調査結果（分析対象資料）である．なお，本節の追加として，10.5「準動詞・節」も参考とされたい．

10.3　考察結果

　本節では，表の形で，調査結果にもとづく「S＋V＋O＋準動詞／S＋V（＋O）＋節」の通時考察の結果を示す．調査結果とは，表1およびその背景にある言語事実を意味する．[7]　考察とは，「V」「準動詞・節」「時代」「頻度」「変遷」という重要語句を念頭におきながら調査結果を詳細に分析し，そこから「S＋V＋O＋準動詞／S＋V（＋O）＋節」の通時上重要な点を示すことである．

　考察結果を示す．提示されている調査結果を随時参照しながら，143-46頁の表2を参照し，その後以下の段落を読まれたい．[8]

　本考察結果には多くの重要な点がまとめられている．「この中で特に重要な点は何か」と問われても，回答はできない．「S＋V＋O＋準動詞／S＋V（＋O）＋節」の通時研究に関してはさまざまな探究点があろうが，その探究点が示されてこそ回答が可能だからである．[9]

表2 考察結果 (①〜④)

	Vの数	Vの変化	動詞補文の分布	動詞補文の主な変遷	動詞補文の変遷特徴	動詞補文の変遷関係
①	大きな増減なし	OE→ME, EMnE→PE: あり	OE: Pr, inf, Pa, C1 / ME, EMnE: Pr, Pa, inf, C1, C2（異質）/ PE: Pr, Pa, inf, C1	規則的な変遷はない	規則性はない、第7章・表の「特異な例の取扱い」を参照	
②	徐々に増加	OE→PE: あり	OE: C1, Pa, Pr, inf, C2 / ME, EMnE: inf, Pa, Pr, C1 / PE: inf, Pa, Pr	OE→ME: C1, C2→inf. / ME→EMnE: C1→inf.（1例）/ ME-PEの2変遷期: 他→letᵃのinf.	inf., Paの増加大 C1, C2の消滅	OE-EMnEの2変遷期での「C1→inf.」の変遷 OE→MEでの「C2→inf.」の変遷
③	EMnEより増加	OE→ME: すべて変化 / ME→EMnE: 大 / EMnE→PE: あり	OE: C2, inf. / ME: inf., C2 / EMnE: inf., C2, C1（異質）/ PE: inf.	OE→ME: C2→inf. / EMnE→PE: C2→inf.（1例）	inf.の増加 C2の消滅	OE→ME, EMnE→PEでの「C2→inf.」の変遷
④	EMnEより減少	OE→ME: 大 / ME→PE: あり	OE: C2, C1, inf. / ME: C2, inf., C1 / EMnE: inf., C2, C1 / PE: inf., C1	OE-PEの3変遷期: C2 C1→inf.	inf.の増加大 C1の減少 C2の消滅	OE-PEの3変遷期での「C1, C2→inf.」の変遷

表2　考察結果（⑤〜⑦）

	Vの数	Vの変化	動詞補文の分布	動詞補文の主な変遷	動詞補文の変遷特徴	動詞補文の変遷関係
⑤	大きな増減なし	OE→ME: すべて変化 ME→EMnE: あり	OE: <u>inf.</u>, C1, C2 ME: inf. EMnE: <u>inf.</u>, C2 PE: inf.	OE→ME: C1, C2→inf. EMnE→PE: C2→inf. （1例）	inf. の増加 C1, C2の消滅	OE→MEでの「C1→inf.」の変遷 OE→ME, EMnE→PEでの「C2→inf.」の変遷
⑥	PEで減少	OE→PE: 大	OE: <u>C2</u>, C1 ME: <u>C2</u>, C1, inf. EMnE: <u>C2</u>, inf., C1 PE: inf., C1	OE-PEの3変遷期: C2→inf. OE→ME, EMnE→PE: C1→inf.	inf.の出現・増加大 C1の減少 C2の消滅	OE→ME, EMnE→PEでの「C1→inf.」の変遷 OE-PEの3変遷期での「C2→inf.」の変遷
⑦	MEで少ない	OE→ME: すべて変化 ME→PE: あり	OE: <u>inf.</u>, C1 ME, EMnE: <u>inf.</u>, C1, C2 PE: inf.	OE-PEの3変遷期: C1→inf. ME→EMnE: 他→let[c]の inf. EMnE→PE: C2→inf.	inf. の増加大 C1, C2の消滅	OE-PEの3変遷期での「C1→inf.」の変遷 EMnE→PEでの「C2→inf.」の変遷

表2　考察結果（⑧〜⑩）

	Vの数	Vの変化	動詞補文の分布	動詞補文の主な変遷	動詞補文の変遷特徴	動詞補文の変遷関係
⑧	大きな増減なし	OE→PE: 大	OE: C1, Pr, C2(異質) ME: inf., Pr, C1, C2 (異質) EMnE: inf., C2(異質) PE: inf., C1	OE-EMnEの2変遷期: C1→inf.	inf.の出現・増加 Prの消滅 C1の減少	OE-EMnEの2変遷期での「C1→inf.」の変遷
⑨	大きな増減なし	OE→PE: あり	OE-PE: C1, inf. (注3)を参照、Latin?	Latin?以外では、OE→ME: C1→inf. (1例)	Latin?以外では、inf.の出現	Latin?以外では、OE→MEでの「C1→inf.」の変遷
⑩	大きな増減なし	OE→ME: あり EMnE→PE: すべて変化	OE: C1, inf. (注4)を参照、Latin?) ME, EMnE: C1 PE: inf., Pa	Latin?以外では、EMnE→PE: C1→inf.	Latin?以外では、inf.の出現 C1の消滅	Latin?以外では、EMnE→PEでの「C1→inf.」の変遷

表2 考察結果(要点)

	V の数	V の変化	動詞補文の分布	動詞補文の主な変遷	動詞補文の変遷特徴	動詞補文の変遷関係
要点		Vの状況はグループにより異なる Vと動詞補文の関連	C2の③/④⑥の類似 Cの分布はさまざま ①②⑧の分詞 ①③⑧の異質 ⑨⑩のLatin?	数グループ・数変遷期: C1,C2→inf.	グループにより, inf.の増加(大)・出現 グループにより, Prの不明・消滅 グループにより, Paの不明・増加大 グループにより, C1の減少・消滅 グループにより, C2の消滅	数グループ・数変遷期での変遷期での「C1, C2→inf.」の変遷

第10章 「S＋V＋O＋準動詞／S＋V（＋O）＋節」の実証通時研究　　147

　表2について説明する．「Vの数」「Vの変化」について，動詞補文の通時研究者にとっては自明のことであるが，「Vの変遷」は「動詞補文の変遷」と深く関わり合っている．[10] たとえ本研究に直接関係がなくても，当然示すべき結果である．「動詞補文の主な変遷」について，ここには，高頻度の変遷ばかりでなく，頻度に関係なく注目すべき変遷も含まれている．「動詞補文の主な変遷」「動詞補文の変遷関係」は，注7)にもあるように，「すべての変遷パターン」より出る考察結果である．表記（区分二重線・下線）について，区分二重線は表1のものに準ずる．下線（例えば，①「動詞補文の分布」「OE: Pr, inf., Pa, Cl」）は，複数表記されている動詞補文の中で一方が他方よりも相当に高い頻度であることを意味する．

　表2の説明の終わりとして，「動詞補文の主な変遷」に関する例文を提示する．頁の都合上本節での提示はせず，(3)-(30)を参照されたい．すべてではないが，(3)-(30)の[　]内に「動詞補文の主な変遷」が示されている．

10.4　結　び

　本章では，OE-PEの英語聖書四福音書を言語資料とする「S＋V＋O＋準動詞／S＋V（＋O）＋節」の実証通時研究の結果（調査および考察）を記した．（最小限ではあるが）調査結果としては**表1**とそれに関連する主な例文の提示であり，考察結果としては**表2**の提示およびその説明である．調査結果の追加として，10.5「準動詞・節」も参考とされたい．考察結果について，本研究全体に渡って最も重要な探究点，すなわち準動詞・節の変遷特徴および準動詞と節の変遷関係を再度以下に記す．

不定詞の変遷特徴：グループにより，増加（大）・出現
現在分詞の変遷特徴：グループにより，不明・消滅
過去分詞の変遷特徴：グループにより，不明・増加大
節の変遷特徴：グループにより，減少・消滅
不定詞と節の変遷関係：数グループ・数変遷期での「節→不定詞」の変遷

　第8章の「S＋Vt＋準動詞・節」と本章の「S＋V＋O＋準動詞／S＋V（＋O）＋節」に共通する動詞補文は「不定詞」「節」である．「節」から「不定詞」への変遷期について，「S＋Vt＋準動詞・節」ではほぼOE→MEであるのに対

148　　英語準動詞・節の実証通時研究

して，「S＋V＋O＋準動詞／S＋V（＋O）＋節」ではVグループによりさま
ざまである．④⑥グループではEMnE→PEにまでも高い頻度が観察できる．
非常に興味深い事実であり，理論系の研究者はこの事実をふまえ *to* の機能変
化を考察しているのであろうかと感ずることがある．

注

1)　参考までに，④グループで校訂本間の差異がみられる例を以下に示す．a:
Liuzza版, b: Bright版, c: PE（例文の理解を深めるため）とする．例文に関する
その他の注は本文(3)-(30)の場合と同じである．本調査結果は，もちろんLiuzza
版による．

　(i)　Mk 8.30 (a：b ＝ bebeodan：beodan)
　　　a.　and þa <u>bebead</u> he him? *þæt* hi nænegum be him ne sædon (1e)
　　　b.　And ða <u>bead</u> he him *þæt* hi nænegum be him ne sædon (1e)
　　　c.　And he sternly <u>ordered</u> them not *to tell* anyone about him (1a)

古英語聖書四福音書の校訂本の差異については，佐藤（2006: 第11章）を参照
されたい．

2)　参考までに，⑥グループで校訂本間の差異がみられる例を以下に示す．例文
に関する注および本調査結果については1)に同じである．

　(ii)　Mk 5.17 (a：b ＝ (1d)：(1d) ([1e]))
　　　a.　and hi <u>bædon</u> *þæt* he of hyra gemærum fore (1d)
　　　b.　And hi <u>bædon</u> [hine] *þæt* he of hyra gemærum fore (1d [1e])
　　　c.　Then they began to <u>beg</u> Jesus *to leave* their neighborhood (1a)

3)　OE secgan^c, ME seien^cの「S＋V＋O＋不定詞」におけるラテン語の影響につ
いて，第2章の(16)(17)箇所を参照されたい．ギリシア語・現代英語逐語訳文
でも「S＋V＋O＋不定詞」である．参考までに，ギリシア語・現代英語逐語訳
文((iii))を挙げておく．例文に関する注は，a, bを除き，本文(3)-(30)の場合と
同じである．

　(iii)　a.　angels . . . who <u>say</u> him *to live* (Lk 24.23) (1a)
　　　　b.　How do they <u>say</u> the Christ *to be* Dadid's son? (Lk 20.41) (1a)

第10章 「S＋V＋O＋準動詞／S＋V（＋O）＋節」の実証通時研究 149

4) OE willanの「S＋V＋O＋不定詞」にラテン語の影響を考える必要があるのかもしれない．参考までに，この例文である本文(30)のラテン語文((iva))とギリシア語・現代英語逐語訳文((ivb))を挙げておく．例文に関する注は，a, bを除き，本文(3)-(30)の場合と同じである．

    (iv) Lk 1.62

        a. Innuebant autem patri eius quem <u>vellet</u> *vocari* eum (1a)

        b. And~they were motioning to the father of him – whatever he might <u>wish</u> it(him)~*to be* called (1a)

5) OE-PEの英語聖書四福音書にみられる本文(2)のVを挙げておく．OE: ① gehieran, ②lætan[a], ④hatan, ⑦lætan[b]; ME: ④commaunden, seien, ⑦sufferen; EMnE: ②let, ④command, forbid, ⑦suffer; PE: ⑦permitである．例文については第7章の本文(9)(10)を参照されたい．

6) 例えば，PEのchoose, give, motion to, send, etc.をVに含める研究者もいよう．著者は，それらをVに含めない立場である．

7) 「その背景にある言語事実」とは，前節の本文・最終段落にある「すべての例文」「すべての変遷パターン」「すべての同一内容文」のことである．本文・表2の「動詞補文の主な変遷」「動詞補文の変遷関係」は「すべての変遷パターン」より出る考察結果である．

8) 表2にはU→*to*, I→*to*の考察結果までは含めていない．この点に関心のある研究者を想定し，「すべての変遷パターン」よりU→*to*, I→*to*の考察結果を容易に提示できる状態にはある．

9) 著者としては，次の2点が特に気に掛かる．①Cの分布・変遷状況，②C→inf.の変遷期の不一致である．
①②について，同じ言語資料でも「S＋Vt＋準動詞・節」では異なる結果がみられる．本章の「結び」に記す．

10) 「「Vの変遷」は「動詞補文の変遷」と深く関わり合っている」例として，佐藤(2006)の第9章「「S＋V＋O＋不定詞」の発達とその要因について」の考察箇所を参照されたい．そこでは，第一発達要因として「借入語説」を展開している．

150　　英語準動詞・節の実証通時研究

10.5　準動詞・節

　伝章節後の（　）内の表示について記す．beはbe動詞，howはhow節，pはpassive（形態上），現完は現在完了形，現進は現在進行形を表す．現完・現進の表示は不定詞の場合だけである．−that, to/vnto NP, viはみての通りである．man, usについては以下の例文を参考とされたい．例文に関する注は本文(3)-(30)の場合と同じである．

Mk 10.4

a.　Moyses lyfde *þæt* man write hiwgedales boc: and hi forlete (1d)

b.　Moises suffride *to write* a libel of forsaking, and to forsake (2a)

c.　Moses suffered *to write* a bill of diuorcement, and to put her away (2a)

d.　Moses allowed a man *to write* a certificate of dismissal and to divorce her (1a)

Lk 23.2

a.　Ðisne we gemetton for|hwyrfende ure þeode: and forbeodende *þæt* man þam casere gafol ne sealde. and segð þæt he si crist cyning (1d)

b.　We han foundun this turnynge vpsodoun oure folk, and forbedynge tributis *to be* ȝouun to the emperour, and seiynge that hym silf is Crist and kyng (1a)

c.　We found this fellow peruerting the nation, and forbidding *to giue* tribute to Cesar, saying, that he himselfe is Christ a king (2a)

d.　We found this man peruerting our nation, forbidding us *to pay* taxes to the emperor, and saying that he himself is the Messiah, a king (1a)

表1　S + V + O + 準動詞／S + V (+ O) + 節

①OE

findan [U: 1]: Lk 19.32; [Pr: 5]: Mt 20.6, Mk 14.37, 14.40, Lk 2.46, 22.45; [Pa: 1]: Mt 21.2.

gemetan[a] [Pr: 9]: Mt 24.46, 26.40, 26.43, Mk 7.30, 13.36, Lk 12.37, 12.43, 23.2, Jn 2.14; [Pa: 8]: Mt 12.44, Mk 7.30 (vi), 11.2, 11.4, Lk 11.25, 19.30, 24.2, 24.33.

geseon [U: 18]: Mt 20.3, Mk 5.15, 7.2, 9.1 (OE: 8.39), 13.14, 14.62, 16.14, Lk 12.55, 21.1, 21.2, 24.39, Jn 5.6, 5.19, 6.19, 20.5, 20.6, 20.12, 21.9; [Pr: 44]: Mt 3.7, 3.16, 4.18, 4.21, 6.18 (geseon: p), 8.14, 9.9, 15.31, 16.28, 24.30, 25.37, 25.44, 26.64, Mk 1.10, 1.16, 2.14, 5.31, 6.33, 6.48, 6.49, 8.24, 9.14 (OE: 9.13), 9.25

(OE: 9.24), 9.38 (OE: 9.37), 13.26, 14.62, 14.67, 16.5, Lk 5.2, 5.27, 9.49, 10.18, 12.54, 21.27, 22.56, Jn 1.29, 1.32, 1.33, 1.36, 1.38, 1.47, 1.51, 6.62 (OE: 6.63), 19.26; [Pa: 5]: Mk 11.20 (vi), 16.4, Lk 21.20, 24.12, Jn 20.7; [C1: 7]: Mk 12.41 (how), Jn 6.5, 6.19 (be), 11.31, 11.33, 20.1 (p), 21.20.

gehieran [U: 1]: Mk 14.58; [Pr: 4]: Mk 12.28, Lk 18.36, Jn 1.37, 7.32; [Pa: 1]: Lk 4.23; [C1: 2]: Mt 21.15 (how), Jn 14.28.

①ME

biholden [Pr: 1]: Jn 1.36; [C1: 1]: Mk 12.41 (how).

finden[a] [Pr: 16]: Mt 20.6, 24.46, 26.40, 26.43, Mk 7.30, 13.36, 14.37, 14.40, Lk 2.46, 8.35, 12.37, 12.43, 19.32, 22.45, 23.2, Jn 2.14; [Pa: 9]: Mt 12.44, 21.2, Mk 7.30 (vi), 11.2, 11.4, Lk 11.25, 19.30, 24.2, 24.33.

sen[a] [B: 4]: Mk 6.33, 7.2, 13.29 (p), Lk 21.20 (p); [*to*: 4]: Lk 13.28 (p), 21.31 (p), 23.8 (p), Jn 6.19 (be); [Pr: 62]: Mt 3.7, 3.16, 4.18, 4.21, 6.18 (sen[a]: p), 8.14, 9.9, 14.26, 15.31, 16.28, 20.3, 21.15, 24.15, 24.30, 25.44, 26.64, Mk 1.10, 1.16, 1.19, 2.14, 5.15, 5.31, 6.48, 6.49, 8.24, 9.1 (ME: 8.39), 9.14 (ME: 9.13), 9.25 (ME: 9.24), 9.38 (ME: 9.37), 13.14, 13.26, 14.62, 14.67, 16.5, Lk 5.2, 5.27, 9.49, 10.18, 12.54, 12.55, 21.2, 21.27, 22.56, 24.12, Jn 1.29, 1.32, 1.33, 1.38, 1.47, 1.51, 5.6, 5.19, 6.19, 6.62 (ME: 6.63), 10.12, 11.33, 19.26, 20.5, 20.12, 20.14, 21.9, 21.20; [Pa: 10]: Mt 8.14, Mk 1.10, 11.20, 16.4, Lk 8.34, 18.24, Jn 1.51, 20.1, 20.6, 21.9; [C1: 4]: Mk 2.16, 16.14, Lk 24.39, Jn 6.5; [C2: 1]: Jn 11.31.

heren [Pr: 5]: Mk 12.28, 14.58, Lk 18.36, Jn 1.37, 7.32; [Pa: 1]: Lk 4.23; [C1: 1]: Jn 14.28.

①EMnE

behold [B: 1]: Lk 10.18; [Pa: 1]: Lk 24.12; [C1: 1]: Mk 12.41 (how).

find [Pr: 11]: Mt 20.6, 24.46, Mk 13.36, 14.37, Lk 2.46, 8.35, 12.37, 12.43, 22.45, 23.2, Jn 2.14; [Pa: 9]: Mt 12.44, 21.2, Mk 7.30 (vi), 11.2, 11.4, Lk 11.25, 19.30, 24.2, 24.33.

see [B: 15]: Mt 3.7, 24.15, Mk 2.16, 7.2, 9.1, 13.29, Lk 12.54, 12.55, 21.31, 24.39, Jn 5.6, 5.19, 6.5, 6.62, 20.6; [*to*: 1]: Mt 15.31; [Pr: 47]: Mt 3.16, 4.18, 4.21, 9.9, 14.26, 16.28, 20.3, 21.15, 24.30, 26.64, Mk 1.10, 1.16, 2.14, 5.15, 5.31, 6.33, 6.48, 6.49, 8.24, 9.14, 9.38, 13.14, 13.26, 14.62, 14.67, 16.5, Lk 5.2, 5.27, 9.49, 21.1, 21.2, 21.27, Jn 1.29, 1.32, 1.33, 1.38, 1.47, 1.51, 6.19, 10.12, 11.33, 19.26, 20.5, 20.7, 20.12, 20.14, 21.20; [Pa: 10]: Mt 8.14, Mk 1.10, 5.15, 11.20 (vi), Lk 13.28, 21.20, 23.8, Jn 20.1, 20.7, 21.9; [C1: 3]: Mk 9.25, 16.4 (p), Lk 18.24 (be); [C2: 1]: Jn 11.31.

hear [B: 4]: Mk 14.58, Lk 18.36, Jn 1.37, 1.40; [Pr: 1]: Mk 12.28; [Pa: 1]: Lk 4.23; [C1: 2]: Jn 7.32, 14.28 (how).

①PE

find[a] [Pr: 11]: Mt 20.6, 26.40, 26.43, Mk 7.30, 14.37, 14.40, Lk 2.46, 8.35, 22.45, 23.2, Jn 2.14; [Pa: 10]: Mt 12.44, 21.2, Mk 7.30 (vi), 11.2, 11.4, Lk 11.25, 19.30, 24.2, 24.33, Jn 2.14.

notice [C1: 1]: Mk 7.2.

see [B: 4]: Lk 21.2, 23.8, Jn 1.33, 11.31; [Pr: 54]: Mt 3.7, 3.16, 4.18, 4.21, 8.14, 9.9, 14.26, 15.31, 16.28, 20.3, 24.15, 24.30, 26.64, Mk 1.10, 1.16, 2.14, 5.15, 5.31, 6.33, 6.49, 8.24, 9.14, 9.38, 13.26, 13.29, 14.62, 14.67, 16.5, Lk 5.27, 9.30, 9.49, 12.54, 12.55, 21.1, 21.27, 21.31, Jn 1.29, 1.32, 1.38, 1.47, 1.51, 5.6, 5.19, 6.5, 6.19, 6.62, 10.12, 11.33, 19.26, 20.5, 20.6, 20.12, 20.14, 21.20; [Pa: 9]: Mt 26.64, Mk 1.10, 11.20 (vi), 13.14, 14.62, Lk 13.28, 21.20, Jn 1.51, 20.7; [C1: 7]: Mk 2.16, 6.48, 9.1, 9.25, 16.4 (p), Lk 24.39, Jn 20.1 (p).

watch [B: 2]: Lk 10.18, Jn 1.36; [Pr: 1]: Mk 12.41.

hear [B: 4]: Mk 14.58, Jn 1.37, 1.40, 14.28; [Pr: 4]: Mt 21.15, Mk 12.28, Lk 18.36, Jn 7.32; [Pa: 1]: Mt 10.27.

②OE

don[a] [C1: 8]: Mt 4.19 (be), 5.32, 5.45, Mk 7.37, Lk 9.14, 12,37, Jn 6.10, 11.37 (be); [C2: 1]: Mk 1.17 (be).

forlætan [Pr: 1]: Mt 15.32; [Pa: 1]: Lk 23.16; [C2: 2]: Mt 14.15, Mk 6.36.

habban[a] [Pr: 2]: Lk 17.7, Jn 5.38; [Pa: 7]: Mt 26.1, 27.16, Mk 8.17, Lk 12.19, 13.6, 19.20, Jn 17.13.

lætan[a] [U: 3]: Mt 8.22, Lk 9.60, 10.40; [Pr: 1]: Mk 8.3.

②ME

haven[a] [Pr: 2]: Lk 17.7, Jn 5.38; [Pa: 9]: Mt 27.16, Mk 8.17, Lk 12.19, 13.6, 14.18, 14.19, 19.8, 19.20, Jn 17.13.

leten [B: 6]: Mt 8.22, 14.15, Mk 6.36, Lk 14.4, 20.10, 20.11.

leven [*to*: 1]: Lk 10.40; [Pr: 2]: Mt 15.32, Mk 8.3.

maken[a] [B: 6]: Mt 21.7, Mk 6.39, Lk 9.14, 9.15, 12.37, Jn 6.10; [*to*: 6]: Mt 4.19 (p), 5.32, 5.45, Mk 1.17 (p), 7.37, Lk 5.34; [Pr: 1]: Mk 9.3 (ME: 9.2) (maken[a]: p); [Pa: 7]: Mt 12.16, 26.73, Mk 3.12, Lk 24.22, Jn 15.15, 17.26a, 17.26b (O省略); [C1: 1]: Jn 11.37.

sufferen[a] [C1: 1]: Lk 9.60.

②EMnE

cause [*to*: 4]: Mt 5.32, 10.21 (p), Mk 13.12 (p), Lk 21.16 (p); [C1: 1]: Jn 11.37.

have [B: 1]: Mk 7.24; [*to*: 1]: Lk 19.14; [Pr: 2]: Lk 17.7, Jn 5.38; [Pa: 12]: Mt 11.5, 12.10, 23.23, Mk 8.17, 14.51, Lk 1.62, 12.19, 13.6, 14.5, 14.18, 14.19, Jn 17.13.

leave [*to*: 1]: Lk 10.40; [Pa: 1]: Mt 23.23.

let[a] [B: 68]: Mt 5.16, 5.31, 5.37 (be), 5.40, 6.3, 8.22, 10.13a, 10.13b, 11.15, 13.9, 13.43, 15.4, 16.24, 18.17 (be), 19.6, 19.12, 20.26 (be), 20.27 (be), 21.19, 24.15, 24.16, 24.17, 24.18, 26.39, 27.22 (p), 27.23 (p), 27.42, 27.43, Mk 4.9, 4.23, 7.10, 7.16, 8.34, 10.9, 13.14a, 13.14b, 13.15, 13.16, 15.32, Lk 2.29, 3.11a, 3.11b, 8.8, 9.23, 9.44, 9.60, 12.35 (p), 14.4, 14.35, 16.29, 17.31a, 17.31b, 21.21a, 21.21b, 21.21c, 22.26 (be), 22.36a, 22.36b, 22.68, 23.22, 23.35, Jn 7.37, 8.7, 12.26, 14.1 (p), 14.27a (p), 14.27b (be), 19.12; [Pr: 1]: Lk 12.35.

make [B: 6]: Mk 6.39, 8.25, Lk 5.34, 9.14, 9.15, Jn 6.10; [*to*: 5]: Mt 5.45, Mk 1.17, 7.37, Lk 12.37, Jn 10.24; [Pa: 6]: Mt 12.16, Mk 3.12, Lk 2.15, 2.17, 24.22, Jn 15.15.

②PE

cause [*to*: 9]: Mt 5.29, 5.30, 5.32, 18.8, 18.9, Mk 9.43, 9.45, 9.47, Lk 17.2.

get [*to*: 1]: Mk 6.39.

have [B: 11]: Mt 7.12, 8.8, 23.7, Mk 15.11, Lk 6.31, 7.4, 7.6, 12.37, Jn 11.50, 16.30, 18.14; [Pr: 1]: Jn 5.38; [Pa: 16]: Mt 10.21, 11.5, 14.10, 27.20, Mk 13.12, Lk 7.22, 12.19, 12.35, 13.6, 23.16, 23.22, Jn 11.50, 17.13, 19.1, 19.19, 19.31.

leave [*to*: 1]: Lk 10.40; [Pa: 1]: Jn 14.18.

let[a] [B: 53]: Mt 5.16, 5.31, 5.37 (be), 6.3, 8.13 (p), 8.22, 9.29 (p), 10.13a, 10.13b, 11.15, 13.9, 13.43, 15.28 (p), 16.24, 18.17 (be), 19.6, 19.12, 20.33 (p), 24.15, 26.39, 27.22 (p), 27.23 (p), 27.42, 27.43, Mk 4.9, 4.23, 8.34, 10.9, 10.51, 12.15, 13.14, 14.49 (p), 15.32, Lk 1.38 (be), 4.18, 7.7 (p), 8.8, 9.23, 9.44, 9.60, 14.35, 18.41, 23.35, Jn 7.37, 7.38, 8.7 (be), 11.48, 11.57, 14.1 (p), 14.27a (p), 14.27b (be), 19.4, 19.38.

make[a] [B: 10]: Mt 4.19, 5.45, Mk 1.17, Lk 5.34, 9.14, 9.15, 23.26, Jn 6.10, 8.3, 15.2; [*to*: 1]: Mk 7.37; [Pa: 10]: Mt 12.16, Mk 3.12, Lk 2.15, 2.17, 24.35 (make[a]: p), Jn 1.18, 15.15, 17.6, 17.26a, 17.26b.

③OE

geniedan [C2: 1]: Mk 15.21.

hatan[a] [U: 1]: Mt 14.22.

læran[a] [C2: 1]: Mt 27.20.

niedan [U: 1]: Mk 6.45; [C2: 2]: Mt 27.32, Lk 14.23.

③ ME

compellen [*to*: 2]: Mt 14.22, Mk 15.21.

constreinen [*to*: 2]: Mt 27.32, Lk 14.23.

counseilen [C2: 1]: Mt 27.20.

maken[b] [*to*: 1]: Mk 6.45.

③ EMnE

compel [*to*: 4]: Mt 5.41, 27.32, Mk 15.21, Lk 14.23.

constrain [*to*: 2]: Mt 14.22, Mk 6.45.

need [C1: 2]: Jn 2.25, 16.30.

persuade [C2: 1]: Mt 27.20.

provoke [*to*: 1]: Lk 11.53.

③ PE

compel [*to*: 3]: Mt 27.32, Mk 15.21, Lk 14.23.

force [*to*: 1]: Mt 5.41.

make[b] [B: 2]: Mt 14.22, Mk 6.45.

need [*to*: 1]: Jn 2.25.

persuade [*to*: 1]: Mt 27.20.

stir (up) [*to*: 1]: Mk 15.11.

④ OE

bebeodan [C1: 3]: Mt 15.35, Mk 6.27 (man), 6.39; [C2: 9]: Mt 4.6, 12.16, 16.20, Mk
    5.43, 6.8, 8.30, Lk 4.10, 5.14, Jn 8.5.

beodan [C1: 2]: Lk 9.21, Jn 2.7; [C2: 8]: Mt 20.31, Mk 7.36, 9.9 (OE: 9.8), 10.48,
    13.34, Lk 8.29, 8.31, 8.56.

biecnan [C2: 1]: Lk 5.7.

cweðan[a] [C1: 1]: Mt 4.3; [C2: 1]: Mk 3.9 (to NP).

cyðan [C2: 1]: Mt 28.10.

don[b] [C1: 1]: Mk 3.14 (be).

forbeodan [U: 1]: Mt 19.14; [C1: 1]: Lk 23.2 (man); [C2: 1]: Mk 3.12.

hatan[b] [U: 6]: Mt 8.18, 14.19, 14.28, 20.28, 22.34 (be), Mk 8.6.

secgan[a] [C1: 1]: Lk 9.54; [C2: 4]: Mt 5.34, Lk 4.3, 10.40, 12.13.

settan [C2: 1]: Jn 15.16.

第 10 章 「S + V + O + 準動詞／S + V (+ O) + 節」の実証通時研究　　155

ðreagan [C2: 1]: Lk 18.39.

④ ME

bekenen [C2: 1]: Lk 5.7 (to NP).

bidden [B: 1]: Mt 8.18.

blamen [C2: 2]: Mt 20.31 (be), Lk 18.39 (be).

chargen [C2: 1]: Mk 8.30.

commaunden [*to*: 10]: Mt 14.19, 14.28, 15.35 (to NP), 18.25 (p), 27.58 (p) (ME: 27.59), Mk 8.6, 10.49 (p), Lk 18.40 (p), 19.15 (p), Jn 8.5; [C1: 5]: Mt 27.64 (p), Mk 5.43, 6.27 (p), 8.7 (p), Lk 9.21; [C2: 12]: Mt 12.16 (to NP), 16.20 (to NP), Mk 6.8, 6.39 (to NP), 7.36 (to NP), 9.9 (ME: 9.8), 13.34 (to NP), Lk 4.10 (to NP), 5.14 (to NP), 8.29, 8.31, 8.56.

forbeden [*to*: 1]: Lk 23.2 (p).

maken^c [C1: 1]: Mk 3.14 (be).

manacen [C2: 1]: Mk 3.12.

putten [C2: 1]: Jn 15.16.

seien^a [C1: 3]: Mt 4.3 (p), Mk 3.9, Lk 9.54; [C2: 4]: Mt 5.34 (to NP), Lk 4.3 (to NP) (p), 10.40 (to NP), 12.13 (to NP).

tellen [C2: 1]: Mt 28.10 (to NP).

threten [C2: 1]: Mk 10.48 (be).

④ EMnE

beckon [C2: 2]: Lk 5.7 (vnto NP), Jn 13.24 (to NP).

bid [B: 3]: Mt 14.28, 16.12, 23.3; [C2: 1]: Lk 10.40.

charge [B: 1]: Mk 9.25; [*to*: 1]: Lk 5.14; [C1: 1]: Mk 5.43; [C2: 8]: Mt 12.16, 16.20, Mk 3.12, 7.36, 8.30, 9.9, 10.48, Lk 8.56.

command [*to*: 16]: Mt 14.9 (p), 14.19, 15.35, 18.25 (p), 27.58 (p), Mk 6.27 (p), 6.39, 8.6, 10.49 (p), 13.34, Lk 8.29, 8.31, 9.21, 9.54, 18.40 (p), 19.15 (p); [C1: 4]: Mt 4.3 (p), 27.64 (p), Mk 5.43 (p), Jn 8.5 (p); [C2: 2]: Mk 6.8, Lk 4.3 (p).

forbid [*to*: 2]: Mt 19.14, Lk 6.29.

ordain [*to*: 1]: Mk 3.15; [C2: 2]: Mk 3.14 (be), Jn 15.16.

rebuke [C2: 1]: Lk 18.39.

speak^a [C1: 1]: Mk 3.9; [C2: 1]: Lk 12.13 (to NP).

tell [C2: 1]: Mt 28.10.

④PE

appoint [*to*: 2]: Mk 3.14 (be), Jn 15.16.

command [*to*: 11]: Mt 4.3, 14.9 (p), 14.28, 19.7, 27.64 (p), Mk 13.34 (be), Lk 4.3, 4.10, 8.29, 9.54, Jn 8.5.

direct [*to*: 1]: Lk 8.55.

forbid [*to*: 1]: Lk 23.2 (us).

order [*to*: 25]: Mt 12.16, 14.19, 15.35, 16.20, 18.25 (p), 20.31 (be), 27.58 (p), Mk 3.12, 6.8, 6.39, 7.36, 8.6, 8.30, 9.9, 10.48 (be), Lk 5.14, 8.31, 8.56, 9.21 (order and command), 17.10 (order: p), 18.15, 18.39 (be), 18.40 (p), 19.15 (p), 19.39; [C1: 2]: Mk 5.43, 8.7 (p).

set [*to*: 1]: Lk 12.14 (be).

signal [*to*: 1]: Lk 5.7.

tell [*to*: 6]: Mt 16.12, 28.10, Mk 3.9, 5.43, Lk 10.40, 12.13.

⑤OE

ætiewan [C2: 1]: Lk 3.7.

gesweotolian [I: 1]: Mt 3.7.

læran[b] [U: 1]: Lk 11.1; [C1: 1]: Mt 28.20.

⑤ME

sheuen [*to*: 2]: Mt 3.7 (to NP), Lk 3.7 (to NP).

techen [*to*: 2]: Mt 28.20, Lk 11.1.

⑤EMnE

teach [*to*: 2]: Mt 28.20, Lk 11.1.

warn [*to*: 2]: Mt 3.7, Lk 3.7; [C2: 1]: Mt 2.12 (warn: p).

⑤PE

teach [*to*: 3]: Mt 5.19, 28.20, Lk 11.1.

warn [*to*: 3]: Mt 2.12 (warn: p), 3.7, Lk 3.7.

⑥OE

biddan [C1: 10]: Mt 14.36, 16.1, Mk 5.17, 6.56, Lk 7.3, 8.32, 23.23 (p), Jn 17.15, 19.31 (man), 19.38; [C2: 19]: Mt 8.34, 9.38, 26.53, Mk 5.10, 7.26, 7.32, 8.22, Lk 5.3, 7.36, 8.31, 8.37, 8.41, 9.40, 10.2, 11.37, 14.18, 16.27, Jn 4.10, 4.47.

gebiddan [C2: 1]: Jn 4.40.

halsian [C2: 3]: Mt 26.63, Mk 5.7, Lk 8.28.

secgan[b] [C2: 2]: Mk 9.18 (OE: 9.17), Lk 14.17.

第 10 章 「S＋V＋O＋準動詞／S＋V（＋O）＋節」の実証通時研究　157

⑥ME

asken [*to*: 1]: Mk 4.10; [C1: 1]: Lk 23.23 (p).

bisechen [C2: 1]: Lk 8.28.

conjuren [C2: 2]: Mt 26.63, Mk 5.7.

preien [*to*: 4]: Mt 16.1, Mk 7.32, Lk 5.3, Jn 4.40; [C1: 6]: Mt 8.34, 14.36, Mk 6.56, Jn 17.15, 19.31 (p), 19.38; [C2: 16]: Mk 5.10, 5.17, 7.26, 8.22, Lk 7.3, 7.36, 8.31, 8.32, 8.37, 8.41, 9.40, 10.2, 11.37, 16.27, Jn 4.47.

seien[b] [C2: 2]: Mk 9.18 (to NP) (ME: 9.17), Lk 14.17 (to NP).

⑥EMnE

adjure [C2: 2]: Mt 26.63, Mk 5.7.

beseech [B: 2]: Lk 8.28, 9.38; [*to*: 5]: Mk 7.32, 8.22, Lk 8.37, 9.40, 11.37; [C1: 4]: Mt 14.36, Mk 6.56, Jn 19.31 (p), 19.38; [C2: 9]: Mt 8.34, Mk 5.10, 7.26, Lk 7.3, 8.31, 8.32, 8.41, Jn 4.40, 4.47.

desire [*to*: 1]: Mk 15.8; [C2: 2]: Mt 16.1, Lk 7.36.

pray [B: 3]: Mk 5.23, Lk 14.18, 14.19; [*to*: 1]: Mk 5.17; [C1: 1]: Jn 17.15; [C2: 4]: Mt 9.38, Lk 5.3, 10.2, 16.27.

require [C1: 1]: Lk 23.23 (p).

speak[b] [C2: 1]: Mk 9.18 (to NP).

⑥PE

ask [*to*: 14]: Mt 9.38, 16.1, Mk 9.18, 15.8, Lk 5.3, 7.3, 7.36, 8.37, 10.2, Jn 4.40, 17.15a, 17.15b, 19.31, 19.38.

beg [*to*: 13]: Mt 8.34, Mk 5.10, 5.17, 7.26, 7.32, 8.22, Lk 8.31, 8.32, 8.41, 9.38, 9.40, 16.27, Jn 4.47; [C1: 2]: Mt 14.36, Mk 6.56.

demand [C1: 1]: Lk 23.23 (p).

invite [*to*: 1]: Lk 11.37.

⑦OE

aliefan [U: 1]: Lk 9.59; [I: 1]: Mt 8.21.

geðafian [C1: 5]: Mt 23.13, 24.43 (man), Mk 11.16, Lk 4.41, 12.39 (man).

lætan[b] [U:10]: Mt 13.30, Mk 1.34, 5.37, 7.12, 7.27 (p), 10.14, Lk 8.51, 9.61, 18.16, Jn 18.8; [C1: 1]: Lk 6.42.

liefan [U: 1]: Lk 8.32; [I: 1]: Mt 19.8; [C1: 1]: Mk 10.4 (man).

ðafian [C: 1]: Mt 7.4.

⑦ME

graunten [C2: 1]: Mk 10.37 (to NP).

sufferen[b] [B: 2]: Mt 19.8, Mk 7.12; [*to*: 16]: Mt 8.21, 13.30, 18.27, 23.13, 24.43 (p); Mk 1.34, 10.14, Lk 4.41, 8.32, 8.51, 9.59, 9.61, 12.39 (p); 18.16, Jn 11.44, 18.8; [C1: 5]: Mt 7.4 (−that), 19.14, Mk 7.27 (p). 11.16, Lk 6.42 (−that).

⑦EMnE

grant [C2: 1]: Mk 10.37 (vnto NP).

let[b] [B: 8]: Mt 7.4, 13.30, Mk 7.27 (p), 11.6, Lk 6.42, 9.61, Jn 11.44, 18.8.

suffer [*to*: 16]: Mt 3.15 (be), 8.21, 8.31, 19.8, 23.13, 24.43 (p), Mk 1.34, 5.37, 7.12, 10.14, Lk 4.41, 8.32, 8.51, 9.59, 12.39 (p), 18.16; [C1: 1]: Mk 11.16.

let[c] [B: 21]: Mt 17.4, 21.38a, 21.38b, 26.46（現進）, 27.49, Mk 1.38, 4.35, 9.5, 12.7, 14.42, 15.36, Lk 2.15, 8.22, 9.33, 15.23, 20.14, Jn 11.7, 11.15, 11.16, 14.31, 19.24.

⑦PE

allow [*to*: 8]: Mt 19.8, 20.15 (allow: p), Mk 5.37, 10.4 (man), 11.6, 11.16 , Lk 4.41, 8.51.

grant [*to*: 2]: Mk 10.37, Jn 5.26.

let[b] [B: 19]: Mt 3.15 (be), 7.4, 8.21, 13.30, 19.14, 24.43 (p), Mk 5.12, 7.27 (p), 10.14, Lk 6.42, 8.32, 9.59, 9.61, 12.39 (p), 18.16, Jn 1.22, 11.44, 18.8, 19.38.

permit [*to*: 2]: Mk 1.34, Jn 18.31 (permit: p).

let[c] [B: 19]: Mt 21.38, 26.46（現進）, 27.49, Mk 1.38, 4.35, 9.5, 12.7, 14.42（現進）, 15.36, Lk 2.15, 8.22, 9.33, 15.23, 20.14, Jn 11.7, 11.15, 11.16, 14.31 (be), 19.24.

⑧OE

gemetan[b] [Pr: 1]: Mt 1.18 (gemetan[b]: p).

habban[b] [C2: 1]: Mk 11.32 (be).

wenan [C1: 5]: Lk 2.44 (be), 12.42 (be), 13.18 (be), 13.20 (be), Jn 20.15 (be).

⑧ME

finden[b] [Pr: 2]: Mt 1.18 (finden[b]: p), Jn 11.17.

gessen [*to*: 2]: Lk 13.18 (be), 24.37; [C1: 2]: Lk 2.44 (be), Jn 20.15 (be).

haven[b] [C2: 1]: Mk 11.32 (be).

sen[b] [*to*: 1]: Lk 22.24 (sen: p) (be).

⑧EMnE

account [*to*: 1]: Mk 10.42 (account: p).

count [C2: 1]: Mk 11.32 (be).

suppose [*to*: 2]: Lk 2.44 (be)（現完）, Jn 20.15 (be).

第 10 章 「S + V + O + 準動詞／S + V (+ O) + 節」の実証通時研究　　159

⑧ PE

assume [C1: 1]: Lk 2.44 (be).

find[b] [*to*: 2]: Mt 1.18 (find[b]: p) (be), Lk 17.18 (find[b]: p).

suppose [*to*: 1]: Jn 20.15 (be).

⑨ OE

cweðan[b] [C1: 1]: Mk 14.64 (be).

secgan[c] [U: 1]: Lk 24.23; [C1: 9]: Mt 16.13 (be), 16.15 (be), Mk 8.27 (be), 8.29 (be),
　　12.35 (be), Lk 9.18 (be), 9.20 (be), 20.41 (be), 22.70 (be).

⑨ ME

condempnen [*to*: 1]: Mk 14.64 (be).

demen [*to*: 1]: Lk 23.24 (p).

seien[c] [*to*: 3]: Mt 16.13 (be), 16.15 (be), Lk 20.41 (be); [C1: 8]: Mk 8.27 (be), 8.29
　　(be), 10.18 (be), 12.35 (be), Lk 9.18 (be), 9.20 (be), 22.70 (be), 24.23.

⑨ EMnE

condemn [*to*: 1]: Mk 14.64 (be).

confess [C1: 1]: Jn 9.22 (be).

say [C1: 11]: Mt 16.13 (be), 16.14 (be), 16.15 (be), Mk 8.27 (be), 8.29 (be), 12.35
　　(be), Lk 9.18 (be), 9.20 (be), 20.41 (be), 22.70 (be), 24.23 (be).

⑨ PE

confess [*to*: 1]: Jn 9.22 (be).

say [*to*: 1]: Lk 1.36 (say: p) (be); [C1: 10]: Mt 16.13 (be), 16.15 (be), Mk 8.27 (be),
　　8.29 (be), 12.35 (be), Lk 9.18 (be), 9.20 (be), 20.41 (be), 22.70 (be), 24.23 (be).

⑩ OE

lufian [C1: 1]: Mt 23.7 (man).

willan [U: 1]: Lk 1.62 (p); [C1: 23]: Mt 7.12, 13.28 (−that), 20.32, 26.17, 27.17,
　　27.21, Mk 6.25, 7.24, 9.30 (OE: 9.29), 10.35, 10.36, 10.51, 14.12, 15.9, Lk 6.31,
　　9.54 (−that), 18.41, 19.14, 19.27, 22.9, Jn 18.39, 21.22, 21.23.

⑩ ME

willen [C1: 27]: Mt 7.12, 9.28, 13.28, 20.32, 26.17 (−that), 27.17, 27.21 (p), Mk
　　6.25, 7.24, 9.30 (ME: 9.29), 10.35, 10.36, 10.51, 14.12, 15.9 (−that), 15.12, Lk
　　1.62 (p), 6.31, 9.54, 18.41, 19.14, 19.27, 22.9, Jn 18.11, 18.39, 21.22, 21.23.

⑩ EMnE

will [C1: 22]: Mt 7.12, 13.28, 20.32, 26.17, 27.17, 27.21, Mk 6.25, 9.30, 10.35, 10.36,

10.51, 14.12, 15.9, 15.12, Lk 6.31, 9.54, 18.41, 19.27, 22.9, Jn 18.39, 21.22, 21.23.

⑩ PE

want [*to*: 19]: Mt 13.28, 20.32, 26.17, 27.17, 27.21, Mk 6.25, 7.24, 9.30, 10.35, 10.36, 10.51, 14.12, 15.9, Lk 9.54, 18.41, 19.14, 19.27 (be), 22.9, Jn 18.39; [Pa: 1]: Jn 19.31.

wish [*to*: 1]: Mk 15.12.

第11章
要約・結論

11.1　序

　本章では，本研究の要約・結論を記す．わかりやすいように，表の形で，第2-10章の要約・結論および準動詞と節の変遷関係の要約・結論を示す．

　次節以降の構成は次の通りである．11.2「第2-10章の要約・結論」，11.3「準動詞と節の変遷関係の要約・結論」，11.4「結び」とする．

11.2　第2-10章の要約・結論

　本節では，表の形で，第2-10章の要約・結論を示す．表1, 2を参照されたい．表1は，第2-10章の「研究題名」「研究内容」「調査・考察結果」をまとめたものであり，表2は，第3-6, 8, 10章の「考察結果」の中でも本研究全体に渡って最も重要な探究点，すなわち「準動詞・節の変遷特徴」「準動詞と節の変遷関係」を「研究題名」と共にまとめたものである．

表1　第2-10章の要約・結論（第2章）

	上段：研究題名　　中段：研究内容　　下段：調査・考察結果
第2章	英語聖書における外国語の影響
	①英語聖書に関する先行研究を紹介し，そこから導き出される結論を示す． ②英語聖書が外国語の影響をあらゆる面で受けているとは必ずしも言えないことを考察する．
	①英語聖書の利用を肯定できる． ②英語聖書が外国語の影響をあらゆる面で受けているとは必ずしも言えない．　①②の詳細は，(2)(18)を参照

161

表1　第2-10章の要約・結論（第3-5章）

	上段：研究題名　　　中段：研究内容　　　下段：調査・考察結果
第3章	主語機能の不定詞・節の実証通時研究
	①OE-PEの英語聖書四福音書を言語資料とする主語機能の不定詞・節の通時調査の結果を示す. ②調査結果にもとづく主語機能の不定詞・節の通時考察の結果を示す.　考察とは,「定動詞に対する不定詞・節の位置（左右）」「±It」「±(to/for) NP」「述語」「不定詞・節」「時代」「頻度」「変遷」という重要語句を念頭におきながら調査結果を詳細に分析し, そこから主語機能の不定詞・節の通時上重要な点を示すことである.
	①表1-6とその関連例文を参照, 3.5「不定詞・節」も参照 ②表7とその説明を参照
第4章	後位修飾語句の実証通時研究
	①OE-PEの英語聖書四福音書マタイ伝を言語資料とする後位修飾語句の通時調査の結果を示す. ②調査結果にもとづく後位修飾語句の通時考察の結果を示す.　考察とは, 後位修飾語句の変遷特徴, 後位修飾語句間の変遷関係, 準動詞と節の変遷関係を示すことである.
	①表1, 2を中心とする表とその関連例文を参照, 4.5「後位修飾語句」も参照 ②(11) (19) (24)とその説明を参照
第5章	分詞構文・副詞節の実証通時研究
	①OE-PEの英語聖書四福音書マタイ伝を言語資料とする分詞構文・副詞節の通時調査の結果を示す. ②調査結果にもとづく分詞構文・副詞節の通時考察の結果を示す.　考察とは, 分詞構文・副詞節の変遷特徴, 分詞構文と副詞節の変遷関係などを示すことである.
	①(1) (2)および表1-3とその関連例文を参照, 5.5「分詞構文・節」も参照 ②(21)とその説明を参照

第11章　要約・結論　　　　163

表1　第2-10章の要約・結論（第6-9章）

	上段：研究題名　　　中段：研究内容　　　下段：調査・考察結果
第6章	「目的」を表す不定詞・節の実証通時研究
	①OE-PEの英語聖書四福音書を言語資料とする「目的」を表す不定詞・節の通時調査の結果を示す. ②調査結果にもとづく「目的」を表す不定詞・節の通時考察の結果を示す. 考察とは,「目的」を表す不定詞・節の変遷特徴,「目的」を表す不定詞と節の変遷関係を示すことである.
	①(1)(2)および表とその関連例文を参照, 6.5「不定詞・節」も参照 ②(13)とその説明を参照
第7章	動詞補文の実証通時研究に際して
	動詞補文の実証通時研究の際に「注意すべき点」が4点ある. この4点を示し, それに対する対応案を提示する.
	表を参照
第8章	「S + Vt + 準動詞・節」の実証通時研究
	①OE-PEの英語聖書四福音書を言語資料とする「S + Vt + 準動詞・節」の通時調査の結果を示す. ②調査結果にもとづく「S + Vt + 準動詞・節」の通時考察の結果を示す. 考察とは,「Vt」「準動詞・節」「時代」「頻度」「変遷」という重要語句を念頭におきながら調査結果を詳細に分析し, そこから「S + Vt + 準動詞・節」の通時上重要な点を示すことである.
	①表1とその関連例文を参照, 8.5「準動詞・節」も参照 ②表2とその説明を参照
第9章	不定詞とは異なる動名詞特有の発達
	前章の研究結果から改めて, 不定詞とは異なる動名詞特有の発達を確認する.
	前章の研究結果から改めて, 不定詞とは異なる動名詞特有の発達を確認した. 詳細は, 表および(4)を参照

表1　第2-10章の要約・結論（第10章）

	上段：研究題名　　中段：研究内容　　　下段：調査・考察結果
第10章	「S＋V＋O＋準動詞／S＋V（＋O）＋節」の実証通時研究
	①OE-PEの英語聖書四福音書を言語資料とする「S＋V＋O＋準動詞／S＋V（＋O）＋節」の通時調査の結果を示す. ②調査結果にもとづく「S＋V＋O＋準動詞／S＋V（＋O）＋節」の通時考察の結果を示す. 考察とは,「V」「準動詞・節」「時代」「頻度」「変遷」という重要語句を念頭に置きながら調査結果を詳細に分析し, そこから「S＋V＋O＋準動詞／S＋V（＋O）＋節」の通時上重要な点を示すことである.
	①表1とその関連例文を参照, 10.5「準動詞・節」も参照 ②表2とその説明を参照

表2　準動詞・節の変遷特徴／準動詞と節の変遷関係（第3, 4章）

	上段：研究題名　中段：準動詞・節の変遷特徴　下段：準動詞と節の変遷関係
第3章	主語機能の不定詞・節の実証通時研究
	不定詞の変遷特徴：変則的な増加 節の変遷特徴：激減
	不定詞と節の変遷関係：OE-PEの3変遷期での「節→不定詞」の変遷
第4章	後位修飾語句の実証通時研究
	「主格関係」 不定詞の変遷特徴：明示不可能 現在分詞の変遷特徴：OE→EMnEでの増加, EMnE以降での減少 過去分詞の変遷特徴：OE→EMnEでの増加, EMnE以降での小さな減少 関係代名詞の変遷特徴：OE→MEでの増加, ME以降での減少・激減, 今後も関係代名詞の減少が続くと推測可能 複合関係代名詞の変遷特徴：OE→MEでの減少, ME以降での増加

第 11 章　要約・結論　　　165

表2　準動詞・節の変遷特徴／準動詞と節の変遷関係（第4-6, 8章）

	上段：研究題名　中段：準動詞・節の変遷特徴　下段：準動詞と節の変遷関係
第4章	「目的格関係」 不定詞の変遷特徴：増加，今後も不定詞の増加が続く可能性有 関係代名詞の変遷特徴：ME以降での減少 複合関係代名詞の変遷特徴：OE→MEでの減少，ME以降での増加
	「主格関係」 準動詞と節の変遷関係：（ほぼ）なし 「目的格関係」 不定詞と節の変遷関係：なし
第5章	分詞構文・副詞節の実証通時研究
	分詞構文の変遷特徴：明示不可能 副詞節の変遷特徴：特記すべき点はない
	分詞構文と副詞節の変遷関係：なし
第6章	「目的」を表す不定詞・節の実証通時研究
	不定詞の変遷特徴：OE→ME, EMnE→PEでの（大きな）増加 節の変遷特徴：OE→ME, EMnE→PEでの（大きな）減少
	不定詞と節の変遷関係：OE→ME, EMnE→PEでの「節→不定詞」の変遷
第8章	「S + Vt + 準動詞・節」の実証通時研究
	不定詞の変遷特徴：グループにより，増加大・出現・消滅 動名詞の変遷特徴：グループにより，出現・増加 節の変遷特徴：グループにより，減少・消滅
	不定詞と節の変遷関係：数グループ・数変遷期での「節→不定詞」の変遷

166　英語準動詞・節の実証通時研究

表2　準動詞・節の変遷特徴／準動詞と節の変遷関係（第10章）

	上段：研究題名　中段：準動詞・節の変遷特徴　下段：準動詞と節の変遷関係
第10章	「S＋V＋O＋準動詞／S＋V（＋O）＋節」の実証通時研究
	不定詞の変遷特徴：グループにより，増加（大）・出現 現在分詞の変遷特徴：グループにより，不明・消滅 過去分詞の変遷特徴：グループにより，不明・増加大 節の変遷特徴：グループにより，減少・消滅
	不定詞と節の変遷関係：数グループ・数変遷期での「節→不定詞」の変遷

11.3　準動詞と節の変遷関係の要約・結論

　本節では，表の形で，準動詞と節の変遷関係の要約・結論を示す．表3, 4を参照されたい．表3は準動詞と節の変遷関係の要約・結論の一助となる追加調査結果であり，表4は準動詞と節の変遷関係の要約・結論を示すものである．

表3　準動詞と節の対比率（1/3）

	OE		ME		EMnE		PE	
	T	％	T	％	T	％	T	％
主語 （左）	不　2	66.7	不　4	80	不　4	100	不　4	100
	節　1	33.3	節　1	20				
	3	100	5	100	4	100	4	100
主語 （右）	不　41	44.1	不　76	77.6	不　41	78.8	不　49	96.1
	節　52	55.9	節　22	22.4	節　11	21.2	節　2	3.9
	93	100	98	100	52	100	51	100
目　的	不　47	32.4	不136	80.5	不135	78.5	不172	90.5
	節　98	67.6	節　33	19.5	節　37	21.5	節　18	9.5
	145	100	169	100	172	100	190	100

第 11 章　要約・結論　　　　　　　　　　　　167

表3　準動詞と節の対比率 (2/3)

	OE		ME		EMnE		PE	
	T	%	T	%	T	%	T	%
補文1	不 82	75.9	不132	95.7	不120	94.5	不227	92.3
			動 1	0.7	動 2	1.6	動 16	6.5
	準 82	75.9	準133	96.4	準122	96.1	準243	98.8
	節 26	24.1	節 5	3.6	節 5	3.9	節 3	1.2
	108	100	138	100	127	100	246	100
補文3	不 50	17.5	不 79	24.6	不203	50.5	不262	64.7
	現 67	23.5	現 91	28.3	現 62	15.4	現 71	17.5
	過 23	8.1	過 36	11.2	過 40	10.0	過 48	11.9
	準140	49.1	準206	64.2	準305	75.9	準381	94.1
	1節84	29.5	1節66	20.6	1節56	13.9	1節24	5.9
	2節61	21.4	2節49	15.3	2節41	10.2		
	節145	50.9	節115	35.8	節 97	24.1	節 24	5.9
	285	100	321	100	402	100	405	100
後位1					不 2	0.5	不 2	0.7
	現 12	3.6	現 14	3.8	現 19	5.0	現 11	3.7
	過 12	3.6	過 19	5.1	過 29	7.6	過 26	8.8
	準 24	7.2	準 33	8.9	準 50	13.1	準 39	13.1
	関271	81.1	関321	86.5	関282	73.6	関186	62.6
	複 39	11.7	複 17	4.6	複 51	13.3	複 72	24.2
	節310	92.8	節338	91.1	節333	86.9	節258	86.9
	334	100	371	100	383	100	297	100
後位2			不 3	5.8	不 4	6.8	不 8	11.6
	関 44	71.0	関 43	82.7	関 38	64.4	関 33	47.8
	複 18	29.0	複 6	11.5	複 17	28.8	複 28	40.6
	節 62	100	節 49	94.2	節 55	93.2	節 61	88.4
	62	100	52	100	59	100	69	100

表3 準動詞と節の対比率 (3/3)

	OE		ME		EMnE		PE	
	T	%	T	%	T	%	T	%
分副	分 12	7.7			分 6	3.5	分 10	5.8
	節143	92.3	節124	100	節167	96.5	節163	94.2
	155	100	124	100	173	100	173	100

注	①主語：第3章，目的：第6章，補文1：第8章・(1)，補文2：第8章・(2)，補文3：第10章・(1)，補文4：第10章・(2)，後位1：第4章「主格」，後位2：第4章「目的格」，分副：第5章 ②％：小数点第2位を四捨五入の数値 ③不：不定詞，動：動名詞，準：準動詞，現：現在分詞，過：過去分詞，1節：C1，2節：C2，関：関係代名詞，複：複合関係代名詞，分：分詞構文
結論	「主語」「目的」「補文1」「補文3」では，準動詞の増加に対して節の減少がみられる．「後位1」「後位2」「分副」では，「主語」「目的」「補文1」「補文3」のような準動詞の増加・節の減少はみられない．

表4 準動詞と節の変遷関係の要約・結論

	変遷関係		変遷関係
主語		後位1	
目的	「節→不定詞」への変遷 変遷は，OE→MEだけとは限らない．	後位2	準動詞と節：(ほぼ)なし
補文1		分副	
補文3		注	表3の注に同じ

解説	①「主語」「目的」「補文1」「補文3」と「後位1」「後位2」「分副」の間では違いがみられる．準動詞と節の変遷関係について，一元的な考えは避けねばならない． ②「後位1」「後位2」「分副」において変遷関係が(ほぼ)ないのは，準動詞・節において「時制」「法」「相」などの(扱いの)上で大きな違いがあるためであろう．

11.4 結 び

　本章では，本研究の要約・結論を記した．それらは表1-4に示されている．そして，本書では，英語聖書四福音書を言語資料とする英語準動詞・節の実証通時研究を総括した．本研究は，言語資料である英語聖書(四福音書)の研究も含むこれまでになされていない包括的な研究であり，大きな意義のある研究であると感ずる．英語史・歴史英語学分野に貢献できれば幸いである．

参考文献

　参考文献とはWorks Consultedのことである．『MLA英語論文の手引』第6版（北星堂書店，東京，2005）の169-70頁を参考とする．「Works Consultedという見出しは，リストが本文中で引用した資料に限定されていないことを示す」（『MLA英語論文の手引』第6版，170頁）

言語資料（主）

Forshall, Rev. Josiah and Sir Frederic Madden, eds. (1850) *The Holy Bible, Containing the Old and New Testaments, with the Apocryphal Books, in the Earlier English Versions Made from the Latin Vulgate by John Wycliffe and his Followers*, 4 Vols, Oxford University Press, Oxford, Reprinted, AMS Press, New York, 1982. [ME]

The Holy Bible: An Exact Reprint in Roman Type, Page for Page of the Authorized Version Published in the Year 1611, With an Introduction by Alfred W. Pollard, Oxford University Press, Oxford, 1911, Reprinted, Kenkyusha, Tokyo, 1985. [EMnE]

The Holy Bible, Containing the Old and New Testaments with the Apocryphal / Deuterocanonical Books: New Revised Standard Version, Oxford University Press, Oxford, 1989. [PE]

Liuzza, R. M., ed. (1994) *The Old English Version of the Gospels*, Vol. I, *Text and Introduction*, EETS O. S. 304, Oxford University Press, Oxford. [OE]

言語資料（副）

Bright, James Wilson ed. (1904) *The Gospel of Saint John in West-Saxon,* D. C. Heath and Co., Publishers, Boston and London, Reprinted, AMS Press, New York, 1972. [OE]

Bright, James Wilson ed. (1904) *The Gospel of Saint Matthew in West-Saxon*, D. C. Heath and Co., Publishers, Boston and London, Reprinted, AMS Press, New York, 1972. [OE]

172 英語準動詞・節の実証通時研究

Bright, James Wilson ed. (1905) *The Gospel of Saint Mark in West-Saxon*, D. C. Heath and Co., Publishers, Boston and London, Reprinted, AMS Press, New York, 1972. [OE]

Bright, James Wilson ed. (1906) *The Gospel of Saint Luke in West-Saxon*, D. C. Heath and Co., Publishers, Boston and London, Reprinted, AMS Press, New York, 1972. [OE]

Douglas, J. D., ed. (1990) *The New Greek-English Interlinear New Testament*, Tyndale House Publishers, Inc., Wheaton, Illinois. ［Greek（ギリシア語と現代英語逐語訳）］

May, Herbert G. and Bruce M. Metzger eds. (1977) *The New Oxford Annotated Bible with the Apocrypha: Revised Standard Version, Containing the Second Edition of the New Testament and an Expanded Edition of the Apocrypha*, Oxford University Press, New York. ［PE: RSV；寺澤・川崎（1993: 574, 746）によれば，本聖書の成立年は 1946-52（新約 1946）］

Nestle-Aland, eds. (1985) *Novum Testamentum Latine*, Deutsche Bibelgesellschaft, Stuttgart. [Latin]

辞典・事典（学習辞典・事典を除く）

小西友七（編）（1980）『英語基本動詞辞典』研究社，東京.

中島平三（編）（2001）『［最新］英語構文事典』大修館書店，東京.

Oxford English Dictionary, Second Edition, on CD-ROM Version 4.0, PC and MAC Compatible, Oxford University Press, Oxford and New York, 2009.

著書・論文（最小に留める）

荒木一雄・宇賀治正朋（1984）『英語史IIIA』大修館書店，東京.

安藤貞雄（2005）『現代英文法講義』開拓社，東京.

Biber, Douglas, Stig Johansson, Geoffrey Leech, Susan Conrad and Edward Finegan (1999) *Longman Grammar of Spoken and Written English*, Longman, London.

Callaway, Morgan Jr. (1913) *The Infinitive in Anglo-Saxon*, The Carnegie Institution of Washington, Washington, D. C.

Denison, David (1993) *English Historical Syntax: Verbal Constructions*, Longman, London and New York.

——. (1998) "Syntax," in Suzanne Romaine ed., *The Cambridge History of the English Language,* Vol. IV: 1766-1997, Cambridge University Press, Cambridge, 92-329.

Duffley, Patrick J. (2006) *The English Gerund-Participle: A Comparison with the Infinitive*, Peter Lang, New York.

江川泰一郎 (1991)『英文法解説』改訂3版 金子書房，東京.

Elmer, Willy (1981) *Diachronic Grammar: The History of Old and Middle English Subjectless Constructions*, Max Niemeyer Verlag, Tübingen.

Fischer, Olga (1988) "The Rise of the *For NP to V* Construction: An Explanation," in Graham Nixon and John Honey, eds., *An Historic Tongue: Studies in English Linguistics in Memory of Barbara Strang*, Routledge, London and New York, 67-88.

——. (1989) "The Origin and Spread of the Accusative and Infinitive Construction in English," *Folia Linguistica Historica* 8, 143-217.

——. (1992a) "Syntactic Change and Borrowing: The Case of the Accusative-and-infinitive Construction in English," in Marinel Gerritsen and Dieter Stein, eds., *Internal and External Factors in Syntactic Change*, Mouton de Gruyter, Berlin and New York, 17-88.

——. (1992b) "Syntax," in Norman Blake, ed., *The Cambridge History of the English Language,* Vol. II: 1066-1476. Cambridge University Press, Cambridge, 207-408.

——. (1994) "The Fortunes of the Latin-type Accusative and Infinitive Construction in Dutch and English Compared," in Toril Swan, Endre Mørck and Olaf Jansen Westvik, eds., *Language Change and Language Structure: Older Germanic Languages in a Comparative Perspective*, Mouton de Gruyter, Berlin and New York, 91-133.

Fischer, Olga, Ans van Kemenade, Willem Koopman and Wim van der Wurff (2000) *The Syntax of Early English*, Cambridge University Press, Cambridge.

橋本功 (1998)『聖書の英語とヘブライ語法』英潮社，東京.

Huddleston, Rodney and Geoffrey K. Pullum (2002) *The Cambridge Grammar of the English Language*, Cambridge University Press, Cambridge.

Jespersen, Otto (1949) *A Modern English Grammar on Historical Principles*, Part III and V, George Allen and Unwin Ltd., London / Ejnar Munksgaard, Copenhagen, Reprinted, Meicho Fukyu Kai, Tokyo, 1983.

近藤健二 (1984)『英語前置詞構文の起源』松柏社，東京.

Liuzza, R. M., ed. (2000) *The Old English Version of the Gospels*, Vol. II, *Notes and Glossary*, EETS O. S. 314, Oxford University Press, Oxford.

Los, Bettelou (2005) *The Rise of the* To-*Infinitive*, Oxford University Press, Oxford.

Mair, Christian (1990) *Infinitival Complement Clauses in English: A Study of Syntax in Discourse*, Cambridge University Press, Cambridge.

真鍋和瑞 (1983)『中世の英語散文とその文体』開文社出版，東京．

Manabe, Kazumi (1989) *The Syntactic and Stylistic Development of the Infinitive in Middle English*, Kyushu University Press, Fukuoka.

Miller, D. Gary (2002) *Nonfinite Structures in Theory and Change*, Oxford University Press, Oxford.

Mitchell, Bruce (1985) *Old English Syntax*, 2 Vols, Clarendon Press, Oxford.

Möhlig-Falke, Ruth. (2012) *The Early English Impersonal Construction: An Analysis of Verbal and Constructional Meaning*. Oxford University Press, Oxford.

Mustanoja, Tauno F. (1960) *A Middle English Syntax*, Part I: Parts of Speech, Société Néophilologique, Helsinki.

中尾俊夫 (1972)『英語史II』大修館書店，東京．

中尾俊夫・児馬修 (編著) (1990)『歴史的にさぐる現代の英文法』大修館書店，東京．

小野茂・中尾俊夫 (1980)『英語史I』大修館書店，東京．

Poutsma, Hendrik (1923) *The Infinitive, the Gerund and the Participles of the English Verb*, P. Noordhoff, Groningen.

Quirk, Randolf, Sidney Greenbaum, Geoffrey Leech and Jan Svartvik (1985) *A Comprehensive Grammar of the English Language*, Longman, London.

Rissanen, Matti (1999) "Syntax," in Roger Lass ed., *The Cambridge History of the English Language,* Vol. III: 1476-1776, Cambridge University Press, Cambridge, 187-331.

佐藤勝 (2006)『英語不定詞の通時的研究――英語聖書四福音書を言語資料として――』英宝社，東京．

――. (2009)「言語資料としての英語聖書と外国語の影響」『英語史研究会会報』随想 (3)，オンライン版．

――. (2010)「後位修飾語句の通時的一研究」『英文学論叢』第58巻，日本大学英文学会，93-111.

――. (2012)「動詞補文の通時的研究に際して」『英文学研究』支部統合号 第四巻，日本英文学会，49-57.

――. (2013)「英語聖書における外国語の影響」*Fortuna,* No. 24, 欧米言語文化学会，3-13.

清水護 (訳) (1977)『欽定英訳聖書の構文』第3版 研究社，東京．

『新約聖書――詩編つき――』新共同訳 日本聖書協会，東京，1997.

Swan, Michael (2005) *Practical English Usage*, Third Edition, Oxford University

Press, Oxford.

寺澤芳雄 (1984)「英語史の中の聖書」『英語青年』第130巻／第4号，166-68.

――. (1990)「二十世紀掉尾を飾る二つの英訳聖書」『學鐙』第87巻／第10号，4-11.

寺澤芳雄・船戸英夫・早乙女忠・都留信夫 (1969)『英語の聖書』冨山房，東京.

寺澤芳雄・川崎潔 (編) (1993)『英語史総合年表――英語史・英語学史・英米文学史・外面史――』研究社，東京.

Traugott, Elizabeth Closs (1992) "Syntax," in Richard M. Hogg ed., *The Cambridge History of the English Language,* Vol. I: The Beginnings to 1006, Cambridge University Press, Cambridge, 168-289.

Trnka, B. (1930) *On the Syntax of the English Verb from Caxton to Dryden*, Imprimerie de l'êtat, Prague, Reprinted, Kraus Reprint, Nendeln and Liechtenstein, 1978.

Van der Gaaf, W. (1904) *The Transition from the Impersonal to the Personal Construction in Middle English*, Carl Winter's Universitätsbuchhandlung, Heidelberg.

Van Linden, An. (2010) "The Rise of the *to*-infinitive: Evidence from Adjectival Complementation," *English Language and Linguistics* 14.1, 19-51.

Visser, F. Th. (1963-73) *An Historical Syntax of the English Language*, 3 Parts, E. J. Brill, Leiden.

安井稔 (1996)『英文法総覧』改訂版 開拓社，東京.

Yonekura, Hiroshi (1985) *The Language of the Wycliffite Bible: The Syntactic Differences between the Two Versions*, Aratake Shuppan, Tokyo.

Zeitlin, Jacob. (1908) *The Accusative with Infinitive and Some Kindred Constructions in English*, Columbia University Press, New York.

索　引

「主語」「目的」「補文1-4」については，第11章・表3の注を参照されたい.

A

account 135, 158

advantage 27-29, 36, 45

aginnan 106, 121

adjure 133, 157

agree 118

aliefan（主語）25, 27-29, 32-34, 38, 42,
43, 45

aliefan（補文3）93, 134, 157

allow 135, 150, 158

appoint 133, 156

ask 133, 157

asken（補文1）106, 109, 120

asken（補文3）96, 132, 139, 157

assume 135, 159

Æ

ætiewan 132, 139, 156

B

bebeodan 132, 148, 154

beckon 133, 155

become 25, 28, 29, 43

beg（補文1）106, 109, 118, 120

beg（補文3）91, 97, 133, 139, 148, 157

begin 106, 110, 116, 121, 122, 148

beginnan 106, 121

behatan 107, 110, 122

behold 131, 151

behove 25, 28, 29, 40, 43

bekenen 132, 155

beodan 132, 138, 148, 154

beseech（補文1）106, 109, 120

beseech（補文3）91, 96, 133, 139, 157

betera 25, 27-29, 33, 34, 36-38, 43-45

better 25, 27-29, 33, 34, 36-38, 43-45

bettre 25, 27-29, 33, 34, 37, 38, 44, 45

bid 133, 155

biddan（補文1）106, 109, 120

biddan （補文3）90, 96, 132, 139, 148,
156

bidden 132, 155

biecnan 132, 154

biginnen 106, 110, 115, 121

biholden 130, 151

bihoten 95, 107, 110, 122

bihoven 25, 27-29, 33, 35, 37, 40, 43,
45

bisechen 132, 157

blamen 132, 155

C

cause 131, 153

cease 90, 107, 110, 122

cesen 90, 107, 110, 122

charge 133, 138, 155

chargen 96, 132, 155

choose 149

choose（補文1）105, 119

claim 105, 119

command（補文3）133, 138, 155, 156

command（補文4）91, 149

commaunden（補文3）132, 138, 155

commaunden（補文4）91, 95, 149

compel 131, 137, 154

compellen 130, 154

condemn 135, 141, 159

condempnen 134, 141, 159

confess 135, 159

conjuren 132, 157

conspire 118

constrain 131, 154

constreinen 130, 137, 154

continue 106, 110, 116, 122

continuen 106, 122

counseilen 130, 137, 154

count 135, 140, 158

coveiten 106, 120

covenant 107, 123

custum(e) 25, 27, 28, 30, 35, 38, 44, 45

cweðan 105, 119

cweðanª 132, 154

cweðanᵇ 134, 141, 159

cyðan 132, 154

D

dare 105, 119

decide 105, 119

demand（補文1）106, 109, 121

demand（補文3）133, 139, 157

demen 134, 159

deserve 108, 112, 124

desire（補文1）106, 109, 120, 121

desire（補文3）133, 157

desiren 106, 120

direct 91, 133, 156

donª 130, 136, 137, 152

donᵇ 132, 154

dreden 107, 111, 123

E

easier 17, 18, 25, 28, 30, 43, 44

eaðelicra 25, 28, 30, 43

eaðera 17, 25, 27, 28, 30, 43, 44

efestan 90, 118

enforcen 105, 119

enough 25, 27, 28, 30, 39, 44, 45

escape 107, 111, 123

expedient 27-29, 31, 36, 38, 45

F

fail 107, 123

fair 25, 28, 29, 43

fallen 25, 28, 29, 43

fear 107, 111, 123

find 131, 151

findª 131, 152

findᵇ 135, 159

findan 130, 150

findenª 130, 151

findenᵇ 134, 158

finish 107, 110, 122

for fear that 81, 84, 88

forbeden 132, 150, 155

索　引　　　　　　179

forbeodan 132, 150, 154
forbid（補文3）133, 150, 155, 156
forbid（補文4）149
force 131, 154
forget 107, 111, 123
forgietan 107, 123
forlætan 130, 152
foryeten 107, 111, 123
fremian 25, 27-29, 34, 36, 43, 44

G

gebiddan 132, 156
geblissan 118
gebyrian 25, 27-29, 33, 35, 37, 40, 43-45
gedafenian 25, 28, 29, 43
gehieran（補文3）98, 130, 151
gehieran（補文4）149
gelician 25, 28, 30, 35, 43
gemetan[a] 130, 150
gemetan[b] 134, 158
geniedan 130, 153
genog 27, 28, 30, 38, 45
gesellan 25, 27-29, 34, 37, 43, 45
geseon 18, 90, 98, 99, 100, 130, 136, 150
gessen（補文1）107, 111, 117, 123
gessen（補文3）134, 140, 158
gesweotolian 132, 156
geswican 90, 107, 110, 122
get 131, 153
geðafian 134, 157
geðyncan 25, 28, 29, 43
gewilnian 106, 120
gewuna 27, 28, 30, 37, 38, 45

giernan 106, 109, 120
give 149
give（主語）25, 28, 29, 34, 37, 44
gladen 118
god 16, 17, 25, 27-29, 35, 43-45
good 17, 25, 28, 29, 34, 35, 43, 44
grant 135, 140, 158
graunten（主語）25, 28, 29, 37, 44
graunten（補文3）134, 140, 158

H

habban[a] 130, 152
habban[b] 134, 140, 158
halsian 132, 156
hard 25, 28, 30, 43, 44
hatan[a]（補文3）130, 153
hatan[b]（補文3）132, 154
hatan（補文4）91, 138, 149
have 131, 142, 153
haven[a] 130, 152
haven[b] 134, 140, 158
hear 98, 131, 151, 152
heren 98, 130, 151
hope 106, 120, 121
hopen 106, 120
hopian 106, 120

I

impossible 25, 27-29, 36, 44, 45
in order to 81, 82, 88
inough 27, 28, 30, 39, 45
intend 105, 119
invite 133, 157

L

læran[a] 130, 137, 154

læran[b] 132, 138, 156

lætan[a]（補文3）93, 130, 152

lætan[a]（補文4）149

lætan[b]（補文3）91, 134, 157

lætan[b]（補文4）149

lawful 25, 28, 29, 32-34, 38, 42-44

leave（補文1）107, 110, 122

leave（補文3）131, 153

lefful 25-29, 32-34, 38, 42-45

lest 81-83, 88

let[a]（補文3）93, 131, 137, 153

let[b]（補文3）93, 135, 140, 158

let[c]（補文3）94, 135, 140, 158

let（補文4）149

leten 93, 130, 152

leven 130, 152

liefan 134, 150, 157

lighter 17, 25, 28, 30, 43

like 106, 121

long 106, 121

love 106, 120, 121

loven 106, 120

lufian（補文1）106, 120

lufian（補文3）134, 159

M

make 131, 136, 137, 153

make[a] 131, 136, 137, 153

make[b] 131, 154

maken[a] 130, 136, 137, 152

maken[b] 130, 154

maken[c] 132, 155

manacen 132, 155

meet 25, 27-29, 43, 45

motion to 149

N

necessary 27-29, 31, 45

nede 27-29, 36, 45, 138

need（補文1）107, 111, 124

need（補文3）37, 131, 138, 154

neglect 107, 123

neod 27-29, 36, 44, 45

niedan 130, 137, 154

notice 131, 152

nyttra 27-29, 44

O

ofergietan 107, 110, 123

ondrædan 107, 111, 123

onginnan 106, 110, 115, 121

ordain 133, 155

order 133, 138, 148, 156

ouen 107, 111, 124

P

permit（補文3）135, 158

permit（補文4）91, 149

persuade 131, 137, 154

plan 105, 119

pleasure 25, 28, 30, 35, 44

plesen 25, 28, 30, 35, 44

plot 105, 119

pray（補文1）106, 120

pray（補文3）133, 157

preien（補文1）106, 109, 120

preien（補文3）91, 96, 132, 139, 157

presume 105, 120

索 引　　　　181

pretend 108, 112, 124
profit 25, 28, 29, 43
profitable 27-29, 45
promise 107, 110, 123
proper 25, 28, 29, 44
provoke 131, 154
putten（補文1）108, 111, 124
putten（補文3）132, 155

R

rebuke 133, 155
refuse 107, 123
rejoice 118
require 133, 139, 157
resolve 105, 120
riht 27-29, 45

S

say 20, 22, 135, 141, 159
secan[a] 92, 93, 105, 119
secan[b] 92, 93, 106, 120
secgan[a] 97, 132, 154
secgan[b] 132, 156
secgan[c] 20, 134, 141, 148, 159
sechen[a] 92, 93, 105, 109, 119
sechen[b] 92, 93, 106, 109, 120
see 18, 90, 98, 99, 100, 131, 136, 151, 152
seek 105, 120
seek[a] 92, 93, 105, 109, 119
seek[b] 92, 93, 106, 109, 120
seem good 25, 28, 29, 44
seien[a]（補文3）97, 132, 155
seien[b]（補文3）132, 157
seien[c]（補文3）20, 134, 141, 148, 159

seien（補文4）149
semen 25, 28, 30, 43
sen（主語）25, 28, 29, 44
sen[a]（補文3）18, 90, 98, 99, 100, 130, 136, 151
sen[b]（補文3）134, 158
send 149
set 133, 156
settan 132, 154
setten 108, 112, 124
shamen 118
sheuen 132, 139, 156
signal 133, 156
smeagan[a] 93, 105, 109, 119
smeagan[b] 106, 109, 120
so as *to* 81, 82, 88
so that（目的）81, 83, 88
speak[a] 133, 155
speak[b] 133, 157
speden 25, 27-29, 34, 36, 38, 43, 45
start 106, 116, 122
stir (up) 131, 154
stop 90, 107, 110, 122
strive 90, 118
striven 90, 118
suffer（補文3）91, 93, 135, 150, 158
suffer（補文4）149
sufferen[a]（補文3）130, 153
sufferen[b]（補文3）91, 93, 134, 140, 150, 158
sufferen（補文4）149
suppose 135, 140, 158, 159

T

take (in hand) 105, 119

tarien 118
teach 133, 138, 156
techen 132, 138, 156
tell 133, 155, 156
tellen 132, 155
that（目的）81-83, 85, 88
think 107, 111, 123
think[a] 105, 119
think[b] 107, 111, 123
thinken 105, 119
threten 132, 155
try[a] 92, 93, 105, 109, 120
try[b] 106, 121

ð

ðafian 134, 139, 157
ðæt（目的）81-83, 85, 88
ðearf 27-29, 36, 44, 137
ðencan 105, 119
ðreagan 132, 155
ðyncan 27, 28, 30, 45

U

undertake 105, 120
unmihtlic 27-29, 36, 44

W

wait 118
want（補文1）92, 106, 109, 121, 142
want（補文3）135, 160
warn 133, 139, 156
watch 131, 152
weddian 107, 122
wenan（補文1）107, 111, 123
wenan（補文3）134, 140, 158

will 135, 141, 159
willan 134, 141, 149, 159
willen 134, 141, 159
wish（補文1）106, 121
wish（補文3）135, 160
wilnian 106, 120

Y

yeven 25, 28, 29, 34, 44

著者紹介

佐藤　勝（さとう　まさる）

1963年9月29日　東京都生まれ
昭和64年度東京都公立学校教員採用候補者選考で採用候補者名簿（A）に登載［高等学校・英語］（1988年11月16日）（1989年2月初旬採用辞退）
現　　在　日本大学教授（理工学部勤務）
専門分野：英語史・歴史英語学，英語学，英文法
専　門　書：『英語不定詞の通時的研究──英語聖書四福音書を言語資料として──』（英宝社，2006年）（単著）
受　　賞：日本中世英語英文学会奨励賞（第1回，2009年）
　　　　　日本大学理工学部学会・協会賞（2010年）
所属学会：英語史研究会，日本英文学会（現在）

英語準動詞・節の実証通時研究
──英語聖書四福音書を言語資料として──

2016年9月20日　印　刷　　　　　　2016年9月29日　発　行

著　者 ©　佐　　藤　　　　勝

発行者　佐　々　木　　　元

発 行 所　株式会社　英　　宝　　社

〒101-0032 東京都千代田区岩本町2-7-7 第一井口ビル
Tel［03］（5833）5870　Fax［03］（5833）5872

ISBN 978-4-269-77055-3 C1082
［組版：（株）マナ・コムレード / 製版・印刷：（株）マル・ビ / 製本：（有）井上製本所］

定価（本体2,800円＋税）

本書の一部または全部を，コピー，スキャン，デジタル化等での無断複写・複製は，著作権法上での例外を除き禁じられています．本書を代行業者等の第三者に依頼してのスキャンやデジタル化は，たとえ個人や家庭内での利用であっても著作権侵害となり，著作権法上一切認められておりません．